# 企业创新积分制

## 科技金融政策工具的探索与实践

于 磊 温 全 王 灿
王赫然 陈 力 黎晓奇 ◎著

人民邮电出版社
北京

## 图书在版编目（ＣＩＰ）数据

企业创新积分制：科技金融政策工具的探索与实践 / 于磊等著. -- 北京：人民邮电出版社，2024.5
ISBN 978-7-115-64060-4

Ⅰ．①企… Ⅱ．①于… Ⅲ．①科学技术－金融政策－研究－中国 Ⅳ．①F832

中国国家版本馆CIP数据核字(2024)第068376号

## 内 容 提 要

　　本书立足于强化企业科技创新主体地位的国家发展战略需求，深入介绍了实施企业创新积分制的时代背景和重大意义，给出了企业创新积分制的系统定义，并赋予其丰富的内涵。此外，本书还介绍了我国企业创新积分制的发展现状和总体态势，分析了积分企业的主要特征，在梳理试点高新区实施企业创新积分制的典型做法和对科技企业创新能力评价理论进行深度研究的基础上，提出了推动企业创新积分制纵深发展的总体战略和建议。本书从多个角度对"创新积分 500 企业"进行了深度分析，旨在引导地方精准配置财政、科技、产业等政策资源，撬动金融和社会资本向科技创新领域聚集，提升我国的企业科技创新能力。

　　本书可供政府部门、国家高新区、省级高新区、科技管理工作岗位的领导干部参考，也可供科技企业、高等院校、科研机构、金融机构、投资机构、科技创新创业服务机构的工作人员以及对科技创新发展有浓厚兴趣的读者阅读。

◆ 著　　　　于　磊　温　全　王　灿　王赫然
　　　　　　陈　力　黎晓奇
　　责任编辑　郭　家
　　责任印制　马振武

◆ 人民邮电出版社出版发行　　北京市丰台区成寿寺路 11 号
　　邮编　100164　　电子邮件　315@ptpress.com.cn
　　网址　https://www.ptpress.com.cn
　　北京瑞禾彩色印刷有限公司印刷

◆ 开本：720×960　1/16
　　印张：15　　　　　　　　　　2024 年 5 月第 1 版
　　字数：184 千字　　　　　　　2024 年 5 月北京第 1 次印刷

定价：99.00 元

读者服务热线：(010)81055410　印装质量热线：(010)81055316
反盗版热线：(010)81055315
广告经营许可证：京东市监广登字 20170147 号

科技企业评价难制约了金融支持科技创新效能的充分发挥。金融机构在科技企业发展早期难以评估其创新能力和成长潜力，有些初获成功的科技企业在资本市场上又被人为"抬高"。这种科技与金融的关系既不利于科技企业成长，也不利于金融体系健康发展，难以形成良好的科技创新生态。在这种背景下，由科技管理部门推动的企业创新积分制应运而生，基于由"评价指标＋政务数据＋量化模型"构成的全国性科技企业创新能力评价机制，形成了一种数据驱动、精准支持科技企业的新型科技金融政策工具。

创新评价是一项系统工程。国内外有不少针对国家或经济体、城市和企业等的创新能力评价报告，如大家熟知的《全球创新指数》《全球竞争力指数》《欧洲创新记分牌》《欧盟产业研发投入记分牌》《硅谷指数》等。企业创新积分制充分借鉴上述评价报告中的先进理念和成熟经验做法，既考虑评价指标的价值性、可量化性，又考虑数据的可获取性、可靠性，同时针对异常或极值数据提出了一套完善的数据校验与处理方法，使量化评价结果能够大体上科学、客观地反映企业的创新能力和成长潜力。

企业创新积分制作为一种新型科技金融政策工具，凝聚了科技管理人员的理论研究和创新实践成果，其显著特点是数据驱动、精准评价，引导地方政府把累积在各部门的企业数据充分利用起来，力求数据真实可靠；在评价时，把同一成长阶段、同一技术领域的企业放在一组进行量化评价，使得评价结果更有参考价值，让金融机构"想用、能用、敢用"。经过三年的探索实践，企业创新积分制已在科技金融领域打造了许多有意义的应用场景，得到政府、企业、金融机构等的认可和好评。目前，国内大型国有银行和股份制商业银行大都利用企业创新积分制开发了专项科技金融产品，依据"创新积分"为企业授信超过千亿元，使初创期科技企业得到了实实在在的金融支持。最近，中国人民银行与科技部等相关部门联合启动实施科技创新再贷款，明确提出依托企业创新积分制来精准支持初创期科技企业优惠融资。企业创新积分制的实施能够促进解决初创期科技企业融资难的问题，也有助于推动金融机构改变传统信贷评价机制，从过去主要看企业财务数据、看抵押资产，转向看企业创新能力、看成长潜力，加快科技金融体系的改革完善。同时，企业创新积分制有力推动了政府对企业政策支持的科学化、精准化进程，推动了政府数字化、现代化治理能力建设。

我国经济进入高质量发展阶段，科技创新比以往任何时候都更加重要。习近平总书记在中共中央政治局第十一次集体学习时强调，科技创新能够催生新产业、新模式、新动能，是发展新质生产力的核心要素。新阶段推动科技创新，需要进一步深化体制机制改革、促进政策工具创新，充分激发出蕴藏在科技企业和科技人员中的活力、想象力和创造力。

我长期关注中国的经济发展和经济政策，对《企业创新积分制：科技金融政策工具的探索与实践》一书的出版感到由衷的高兴。我相信，本书将为中国企业的创新之路提供新的思路和方法，为中国经济的高质量发展注入新的活力。随着研究和实践的深入，期待企业创新积分制能够持续优化和提升，让小小的积分撬动更多优质资源支持科技企业成长，并为进一步完善科技创新政策提供更多有价值的实践经验。

刘世锦

十三届全国政协经济委员会副主任

中国发展研究基金会原副理事长

2024 年 4 月

　　纵观世界近现代经济发展史，不难发现，历次产业革命几乎都是源于科技创新，成于金融创新，科技创新与金融创新之间存在极强的螺旋促进和协同耦合关系。加大科技创新成果不断产出，需要源源不竭的金融资本注入，而科技创新为金融的发展提供了强大的引擎。科技与金融的深度融合，已成为推动科技产业和金融行业飞速发展的动力源泉。

　　党的十九大报告指出，我国经济已由高速增长阶段转向高质量发展阶段。发展模式转变的根本路径在于生产要素的持续优化和高效配置。推动经济实现良性循环，关键在于依托科技创新驱动技术进步，使全社会的生产要素持久、有序、稳定地流向科技创新，不断更新企业结构、产业结构以及经济结构，形成新质生产力，扬弃落后生产力。资本是最核心的生产要素之一，充分发挥资本效能更好支持科技创新、推动实体经济稳健增长，既是当前我国金融体制改革的重要方向，也是提高科技成果转化和产业化水平的关键举措。

　　自20世纪80年代至今，我国科技金融发展经历了两个阶段：前二十年以科技金融工具创新为主，为科技产业融资提供渠道；后二十年则聚焦于科技金融政策探索和工作体系完善，为科技产业发展创造良好环境。然而，新发展阶段面临诸多挑战：一是金融收益与科创风险不匹配，金融机构与科技企业之间的信息不对称问题突出，银行信贷难以平衡高风险与低收益；二是科创产品不足以满足科技企业的金融服务需求，科技企业融资面临抵押物少、需求急、周期长等问题，金融产品的专业性、创新性和适配性影响金融服务的响应速度；三是科技金融服务的数字化水平有待提升，金融机构与政府部门数据链路不畅，金融服务缺乏完整、准确、持续的数据支撑。

为应对这些挑战，科技部自 2020 年起，基于科技企业需求和基层经验，创新性地设计了一套科技企业创新能力评价机制——企业创新积分制。它以 18 项核心指标为基础，分类构建了一套量化评价科技企业创新能力和成长潜力的模型，通过整合政府各部门数据，实现创新资本的高效精准配置。这一科技金融政策工具将银行、高新区、科技企业等紧密连接，形成全社会支持科技企业的合力，绘制出了让金融机构一目了然的"科创地图"和"企业画像"，让具有核心竞争力的科技型中小微企业脱颖而出，引导金融"活水"精准灌溉"硬科技"企业，凝练出可复制、可推广的机制模式，为我国金融体系现代化建设和科技创新政策改革作出了新的探索和尝试。

《企业创新积分制：科技金融政策工具的探索与实践》一书系统介绍了企业创新积分制，共八章。前三章主要介绍了企业创新积分制应运而生的时代背景、内涵与外延、功能与定位等，第四章从数据分析的视角介绍了我国企业创新积分制的发展现状与总体态势，第五章以实践案例的形式介绍了企业创新积分制的典型做法与工作成效，第六章和第七章从学术研究角度介绍了企业创新积分制的理论基础、评价指标体系构建情况，第八章从支撑服务国家科技战略视角深入分析了企业创新积分制的未来发展，提出相关工作建议和工作思路。本书内容丰富、可读性强，对读者全面理解企业创新积分制、对科技管理者标准化推动实施企业创新积分制具有较强的指导作用。

千里之行，始于足下。企业创新积分制的诞生，推动科技金融迈出了数字化、智能化的坚实一步。相信在这一大的发展趋势的引领下，更多的创新资源和政策工具将会集聚至科技创新领域。聚小流成江海、汇众力成伟业，科技金融的新发展必将为我国创新创业创富作出新的更大的贡献。

浙江大学区域协调发展研究中心研究员

国家高端智库领军人才

2024 年 3 月

　　回顾世界经济社会发展的历史，每一次产业革命背后的重要驱动力量都是科技创新。科技企业作为科技创新的主体，在驱动我国经济增长、促进自主创新能力提升等方面发挥着重要作用。

　　党中央高度重视企业创新工作。党的二十大报告提出，强化企业科技创新主体地位，发挥科技型骨干企业引领支撑作用，营造有利于科技型中小微企业成长的良好环境，推动创新链产业链资金链人才链深度融合。中央全面深化改革委员会第二十五次会议强调，加快推进金融支持创新体系建设，要聚焦关键核心技术攻关、科技成果转化、科技型和创新型中小企业、高新技术企业等重点领域，深化金融供给侧结构性改革，推进科技信贷服务能力建设。此外，国家层面提出要引导金融机构根据不同发展阶段的科技企业的不同需求，进一步优化产品、市场和服务体系，为科技企业提供全生命周期的多元化接力式金融服务，要加强科技创新评价标准、知识产权交易、信用信息系统等基础设施建设。

　　为加大对科技企业创新的正向激励，促进"科技—产业—金融"良性循环，构建形成多元化科技投入体系，科技部在高新区探索开展企业创新积分制试点，建立并实施一种基于数据驱动、定量评价、精准支持科技企业创新的新型科技金融政策工具，通过创新积分对科技企业进行创新能力量化评价，主动识别和精准发现研发能力强、成长潜力大的科技企业，引导地方精准配置财政、科技、产业等政策资源，撬动金融和社会资本投向科技创新领域。截至 2023 年 12 月，实施企业创新积分制的试点高新区已达 133 家，其中包括 101 家国家高新区和 32 家省级高新区，覆盖全国 25 个省份，推动形成全社会支持科技企业的强大合力，为具有核心竞争力的科技企业营造良好成长环境。

2023 年 9 月，习近平总书记在黑龙江考察时首次提出"新质生产力"这一重大概念，强调要整合科技创新资源，引领发展战略性新兴产业和未来产业，加快形成新质生产力。2023 年召开的中央金融工作会议提出，要做好"科技金融、绿色金融、普惠金融、养老金融、数字金融"五篇大文章。科技金融作为五篇大文章之首，是推动科技发展的最关键要素。面向未来，企业创新积分制作为新时期科技金融政策工具创新的有力探索与实践，必将承担使命，充分发挥持续为科技赋能的政策工具作用，不断为科技企业创新发展注入"源头活水"，积极服务国家重大战略实施和培育新动能。

本书得到了国家自然科学基金青年科学基金（72203082）、国家社会科学基金（22VRC055）和中国博士后科学基金（2022M711435、2022T150281）等课题项目的资助与研究支持。在此感谢《中国高新技术产业导报》张伟记者团队、北京大数据研究院鄂维南院士团队、北京大学刘怡参事团队、大连湃为科技团队等在本书撰写过程中给予的支持与帮助。

# 目录
## CONTENTS

# 第一章

## 科技、产业和金融良性循环的时代之问

## 第一节　企业成为科技创新主体的时代背景

改革开放 40 多年来，中国经济实现了快速发展。2010 年，中国成为世界第二大经济体。2017 年，党的十九大报告对中国经济做出了新的判断：我国经济已由高速增长阶段转向高质量发展阶段。党的十九届五中全会明确将"高质量发展"作为"十四五"时期经济社会发展的重要指导思想之一。高质量发展是一种全新的发展理念，它是一种立足根本、掌控全局、着眼未来的发展方向和发展目标，是"十四五"乃至更长时期我国经济社会发展的主题，关系我国社会主义现代化建设全局。进入新发展阶段，必须坚持把高水平科技自立自强作为引领高质量发展的核心驱动力，为全面建成社会主义现代化强国提供基础性、战略性支撑。面向国家战略需求和长远发展，要不断壮大国家战略科技力量，增强高质量发展的原动力。为此，不断强化企业科技创新主体地位、汇聚各类创新要素支持企业创新发展的时代意义重大，是推动高质量发展的重要科技基础。近年来，党中央高度重视企业在国家创新体系中的地位。

2012 年 11 月 8 日，党的十八大报告提出，深化科技体制改革，加快建设国家创新体系，着力构建以企业为主体、市场为导向、产学研相结合的技术创新体系。

2017 年 10 月 18 日，党的十九大报告进一步对建设"科技强国"做出系统性战略部署，提出"加强国家创新体系建设，强化战略科技力量。深化科技体制改革，建立以企业为主体、市场为导向、产学研深度融合的技术创新体系，加强对中小企业创新的支持，促进科技成果转化"。

2022 年 10 月 16 日，党的二十大报告明确指出："强化企业科技创新主体地位，发挥科技型骨干企业引领支撑作用，营造有利于科技型中小微企业成长的良好环境，推动创新链产业链资金链人才链深度融合。"

2023 年 4 月 21 日，二十届中央全面深化改革委员会第一次会议审议通过了《关于强化企业科技创新主体地位的意见》，强调"推动形成企业为主体、产学研高效协同深度融合的创新体系"。这也体现了企业尤其是科技企业对支撑高质量发展的重要作用。近年来，随着科技体制改革不断深入，我国科技企业蓬勃发展，创新步伐也不断加快，企业创新主体地位日益提高。截至 2022 年底，我国拥有有效发明专利的企业达 35.5 万家，较上年增加 5.7 万家，拥有有效发明专利 232.4 万件，同比增长 21.8%。2016—2021 年，设立研发机构的企业数量从 6.4 万家增长到 12 万余家，企业拥有的有效发明专利数量占全社会有效发明专利数量的比例从 50% 提升至 60%。2021 年，我国开展创新活动的规模（限额）以上大中小企业数量合计近 37 万家，与美国（37.2 万家）、欧盟成员国（35.9 万家）基本持平，远高于日本（12.0 万家）、德国（10.3 万家）。其中，民营企业是企业技术创新的主要贡献者，贡献了近 75% 的企业研发投入、77% 的企业研发人员、78% 的企业有效发明专利、80% 的国家专精特新"小巨人"企业、90% 的高新技术企业和 95% 的专精特新中小企业。同时，涌现出华为、OPPO、京东方等全球 PCT 国际专利申请量位居前 10 的创新型领军企业。波士顿咨询公司发布的全球最具创新力的 50 家企业中，2021—2023 年上榜的中国企业共 10 家，其中民营企业 8 家；曾进入前 10 的企业为 2 家民营企业，分别是华为和比亚迪。2022 年，我国 357 家独角兽企业中近 90% 为民营企业，越来越多的中国企业，特别是创新型领军企业已经有能力与高校院所一起参与科技强国顶层设计和重大决策，发挥科技创新出题人、答题人和阅卷人的作用。越来越多的企业有意愿和能力成为科技创新决策、重大创新场景构建、基础研究投入、人才引育、科研组织和成果转化的主体。

从强化企业"技术创新"主体地位，到强化企业"科技创新"主体地位，体现了党中央基于对科技创新规律趋势的准确研判，面向新形势做出的重大部署。形成以企业为科技创新主体、产学研高效协同深度融合的创新体系能够从根本上消除我国长期存在的产学研协作不畅、产业基础薄弱、科技成果转化难等症结。在此背景下，通过科技金融政策工具创新，引导各类创新资源向优秀企业集聚的意义重大且急迫。

## 第二节　国家高度重视科技与金融深度融合

促进科技与金融深度融合，对实现高水平科技自立自强、建设现代化产业体系、推动高质量发展至关重要。截至 2023 年 6 月底，我国科创板上市企业共 542 家，总市值达 6.72 万亿元；北交所上市企业共 204 家，总市值超 2668 亿元。在金融的助推下，我国全球创新指数排名上升至第 11 位，正向科技强国迈进。近年来，党中央、国务院高度重视完善金融支持科技创新体系。2022 年 2 月 28 日，中央全面深化改革委员会第二十四次会议提出，要始终坚持以人民为中心的发展思想，推进普惠金融高质量发展，健全具有高度适应性、竞争力、普惠性的现代金融体系，更好满足人民群众和实体经济多样化的金融需求，切实解决贷款难贷款贵问题。这一重要论断指明了现代金融体系建设的重要特点——能够具有很强的适应性、竞争力和普惠性，这也是现代金融体系建设的重要内涵。构建现代科技金融体系，是立足新发展阶段、贯彻新发展理念、构建新发展格局的重要一环。

现代金融体系建设，重点在于能否聚焦"四个面向"（即面向世界科技前沿、面向经济主战场、面向国家重大需求、面向人民生命健康）。2019年2月22日，中共中央政治局第十三次集体学习时强调，深化金融供给侧结构性改革必须贯彻落实新发展理念，强化金融服务功能，找准金融服务重点，以服务实体经济、服务人民生活为本。可以看出，现代金融体系建设的关键在于能够有效支撑经济高质量发展，能够精准覆盖到实体经济。归根到底，新发展格局下，现代金融体系建设需要聚焦"四个面向"。如果金融功能和金融服务覆盖范围未能有效聚焦"四个面向"，那么金融就有脱离实体经济的风险，就难以真正在我国产业转型升级、经济高质量发展中发挥关键作用。

完成"四个面向"使命，关键在于引导金融服务创新型经济。创新驱动发展战略的深入实施，使得依靠科技创新、模式创新的新经济蓬勃发展，新业态新模式层出不穷，培育出一批高科技企业，这些企业成为经济发展的新动能、解决就业的新空间、创意迸发的新舞台、改善民生福祉的新力量，特别是在百年未有之大变局出现、全球经济复苏乏力、风险不确定性增多的大背景下，这些企业为经济增长注入了可持续的动力。可以看到，一批优秀的高科技企业在面对压力时，凭借科技创新能力，表现出较强的抗风险能力和逆势增长势头。以高科技企业为代表的创新型企业已经成为我国经济发展的重要生力军。例如，国家市场监督管理总局的数据显示，截至2022年6月，全国登记在册的"四新经济"企业共2339.8万户，占企业总数比例达46.4%，可以说占据了"半壁江山"，覆盖经济民生的方方面面。可以看到，金融对经济民生的支撑和服务，归根到底要落在企业上，特别是掌握关键核心技术的"硬科技"企业，它们是创新型经济的基础，也是实现"四个面向"的关键性枢纽。

金融服务创新型经济的落脚点，在于精准支持高成长型科技企业。一个国家拥有的优质企业越多，在很大程度上，国家的经济实力就越强。近年来，我国高度重视对高成长型科技企业的培育，各类支持高新技术企业、科技型中小企业、瞪羚企业、专精特新中小企业的政策纷纷出台，引导各类创新资源向这些企业集聚，金融是其中的重要一环。纵观人类文明发展历程，历次产业变革往往始于科技创新、成于金融。现代金融体系的建设，某种意义上就是面向高成长型科技企业的服务体系建设。国家对于金融发展的战略部署，以服务实体经济为重心。主要举措是通过财税、信贷等各类政策工具，拓宽高成长型科技企业的融资渠道，并撬动各类创新要素流向高成长型科技企业。可以说，精准支持高成长型科技企业，是当下，也是将来金融工作的重心之一。

精准支持高成长型科技企业，前提是拥有一整套高效准确的优质企业发现机制。2022年底，我国登记在册的企业总量超过5000万户。面对如此大的规模，除了一些知名的领军企业之外，如何准确、及时发现里面的优质企业成为一个挑战，不少高科技企业面临"酒香也怕巷子深"的难题。特别是一些具有巨大潜力但是处于初创期的科技型中小微企业，由于信息不对称，它们难以被发现，融资难、融资贵是"老大难"问题。据中国人民银行统计结果，我国中小企业的平均寿命为3年，小微企业平均在成立4年4个月后才能获得首次贷款。一边是融资需求迫切的科技企业，一边是拥有资金、对好项目"求贤若渴"的金融机构，两边却总是"握手难"。金融之水难解科技企业之渴，"看不懂"是重要原因。构建科技企业创新能力评价体系，是破解难题、打通金融支持科技创新"最后一公里"的关键一招。企业创新积分制应运而生，成为精准、高效识别优质科技企业的有效手段，是建立健全优质企业发现机制的实践探索中的先行者。

## 第三节　高水平科技自立自强急需科技金融体系

　　党的二十大报告强调要"坚持创新在我国现代化建设全局中的核心地位""加快实施创新驱动发展战略""加快实现高水平科技自立自强"。金融作为实体经济的血脉，应在新一轮实施创新驱动发展战略、加快科技强国建设的过程中，展现金融系统新担当，通过金融服务创新更好地支持国家战略的实施。

　　当前，世界主要国家均面向重点科技领域加大了科技创新力度，金融业要不断完善和强化金融对科技创新的支持，推动金融体系更好地服务新时代科技自立自强的需要。这既是国家之需、时代之需、人民之需，也是时代赋予金融业发展的新使命、新机遇。预计未来 5～10 年，科技创新领域将掀起国产化替代大潮，迎来新一轮科技产业革命，引爆新的经济增长点。随之出现的融资服务需求、产业投资机会和综合金融拓展空间，将成为各类金融机构争相逐鹿的"新蓝海"。与此同时，当前金融服务科技创新仍亟待破解以抵押信贷为主的"老金融"业态难以适应创新驱动的"新金融"需要的难题。科技金融体系要以问题为导向，加快探索和创新步伐，走出一条具有中国特色的科技金融新道路。

## 第四节　新阶段开新局：高质量发展下的时代机遇

金融是实体经济的血脉，在学习贯彻党的二十大精神的过程中，应发挥各金融系统的业务优势，多渠道、多角度加快推进科技自立自强。当前，我国经济已转向高质量发展阶段，科技创新是国家重大发展战略。2021年3月12日，《中华人民共和国国民经济和社会发展第十四个五年规划和2035年远景目标纲要》（简称"十四五"规划）提出，坚持创新在我国现代化建设全局中的核心地位，把科技自立自强作为国家发展的战略支撑。一方面，未来随着国家科技创新体系和体制机制优化，科技创新创业将成为经济社会发展的主要驱动力，迫切需要金融业提供优质服务与大力支持；另一方面，随着人口结构变化，城镇化进程放缓，传统房地产、基建融资的需求水平下降，金融服务也需要寻找新的增长点，积极布局科技创新创业是一个必然选择。

作为长远的战略性安排，金融系统应高度重视金融服务科技创新创业的重大战略价值，抢抓机遇、主动作为。在平衡好战略价值与商业价值、长期利益与短期回报、风险与收益的基础上，主动培养与提升金融服务科技创新创业的各项能力，着力化解金融支持科技创新所面临的长期需求与短期供给、前端需求与后端供给、分散需求与大额集中供给、融资需求与间接融资供给等主要矛盾，积极布局有效结合"国之所需"与"金融企业所能"的科创金融业务领域，服务国家战略。

第二章

# 企业创新积分制
# 应运而生

## 1. 科技金融政策发展历程

创新是引领经济结构转型和实现经济高质量发展的第一动力，科技是第一生产力。纵观世界经济社会发展史，每一次产业革命背后的重要驱动力量都是科技创新。面对科技创新发展的新形势，各国皆在寻找科技创新的未来路径。党的十九届五中全会更是明确提出要坚持创新在我国现代化建设全局中的核心地位。科技企业作为科技创新的主体，在驱动我国经济增长、促进自主创新能力提升等方面发挥了重要作用。在企业的不同的成长阶段，特别是对于科技型中小企业而言，投资风险、融资成本、资金规模呈现不同的特点，需要有与之相适应的金融机制促进企业有序发展，科技金融应运而生。伴随着不同的时代背景，科技金融政策经历了不同的发展历程。

（1）起步探索阶段（1985—2005 年）

1985 年，中共中央发布《关于科学技术体制改革的决定》，提出要广开经费来源，鼓励部门、企业和社会集团向科学技术投资，银行要积极开展科学技术信贷业务，推动风险投资支持高技术项目开发，明确设立创业投资、开办科技贷款的工作思路。科技体制改革正式拉开了我国科技与金融结合发展的序幕。此时，在改革开放的背景下，我国经济实现快速增长，但科技金融领域实践成果的增长速度与经济增长速度还不相适应。在国家和地方政府的大胆尝试和积极推动下，在随后的几年时间里，一批科技金融相关的政策、措施纷纷出台落地。1985 年，中国人民银行和国务院原科技领导小组办公室发布《关于积极开展科技信贷的联合通知》；1991 年，国务院发布《国家高新技术产业开发区若干政策的暂行规定》，明确有关部门可在高新技术产业开发区设立风险投资基金和风险投资公司；1993 年，国家经贸委和财政部创办了中国经济技术投资担保公司；1996 年，《中华人民共和国促进科技成果转化法》施行，鼓励设立科技成果转化基金或者风险基金，用于支持高投入、高风险、高产出的科技成果的转化；1999 年，国家设立科技型中小企业技术创新基金，推动科技成果转化和产业化，同年国家出台的《关于建立风险投资机制的若干意见》对促进科技型、创新型中小企业创新发展发挥了重要作用；2004 年，深圳证券交易所开设"中小企业板"，资本市场体系建设取得重要突破；此外，国家通过孵化器与创业投资对接，进一步加强对科技成果产业化的支持。

（2）加速推进阶段（2006—2012 年）

随着我国市场经济体制改革的进一步深化，科技与金融的有机结合逐渐成为国家实施创新驱动发展战略的重要抓手，各级政府也越发重视科技金融工作，进一步加快科技金融领域的探索与实践进程。2006 年，《国家中长期科学和技术发展规划纲要（2006—2020 年）》颁布，明确提出实施激励企业技术创新的财税政策，实施促进创新创业的金融政策，建立多元化、多渠道的科技投入体系等政策和措施，成为全面推进科技金融工作的政策依据和行动纲领。这标志着我国在科技金融领域实现了从基层摸索走向顶层设计、从局部突破走向整体规划、从偶发任务走向常态工作的三大转变。在政府资源配置和市场资源引导共同发力的背景下，我国取得一系列重大成绩和突破，加速推进了科技金融的发展。2006 年，中关村科技园区非上市股份公司进入代办转让系统进行股份报价转让，俗称"新三板"，同年，中国保监会和科技部联合出台《关于加强和改善对高新技术企业保险服务有关问题的通知》；2007 年，国家设立科技型中小企业创业投资引导基金；2009 年，深圳证券交易所正式启动"创业板"，这成为中国资本市场改革发展进程中的又一里程碑事件；2010 年，科技部等五部门联合印发《促进科技和金融结合试点实施方案》，同年，十七届五中全会提出要深化科技体制改革，促进科技与金融结合；2011 年，科技部等八部门联合出台《关于促进科技和金融结合加快实施自主创新战略的若干意见》，并确定了 16 个地区为首批促进科技和金融结合试点地区；2012 年，全国第一家科技保险专营机构成立。此外，在这一阶段，国内也逐渐开始借鉴西方科技银行经验，从发展演变、外部环境、运营机制等方面对中美科技银行进行了系统比较。

（3）融合发展阶段（2013—2019 年）

2013 年，中国共产党第十八届中央委员会第三次全体会议通过了《中共中央关于全面深化改革若干重大问题的决定》，从国家层面提出产业链、创新链和资金链"三链"融合发展的总基调，并在全国推广"新三板"，金融、科技、产业的融合发展迎来了新的局面。2014 年，国家出台《关于大力推进体制机制创新　扎实做好科技金融服务的意见》，同年，国务院出台《关于加快发展现代保险服务业的若干意见》，要求建立完善科技保险体系，积极发展适应科技创新的保险产品和服务，推广国产首台首套装备的保险风险补偿机制，促进企业创新和科技成果转化。2015 年印发的《中共中央关于制定国民经济和社会发展第十三个五年规划的建议》提出，加强技术和知识产权交易平台建设，建立从实验研究、中试到生产的全过程科技创新融资模式，促进科技成果资本化、产业化。2016 年，国务院印发《关于促进创业投资持续健康发展的若干意见》，同年，中国银监会、科技部和中国人民银行联合发布《关于支持银行业金融机构加大创新力度开展科创企业投贷联动试点的指导意见》，选择在 10 家银行和 5 个国家自主创新示范区启动投贷联动试点工作，同年，中共中央、国务院印发《国家创新驱动发展战略纲要》，提出探索建立符合中国国情、适合科技创业企业发展的金融服务模式。2019 年，上海证券交易所正式启动科创板。

（4）深度融合发展阶段（2020 年起）

2020 年，创业板改革并试点注册制，装上注册制新"引擎"的创业板更加精准地服务"三创四新"企业，为中国经济转型升级、高质量发展插上腾飞的翅膀。同年，十九届五中全会通过《中共中央关于制定国民经济和社会发展第十四个五年规划和二〇三五年远景目标的建议》，提出完善金融支持创新体系，促进新技术产业化规模化应用，这也让科技金融迎来了新的发展契机。同时，随着国家创新驱动发展战略从提出到深入推进，科技金融的发展已从"科技和金融融合"演进到"科技金融生态"，部分地区已探索形成如"金科产"或"金科产城"等多维度、高质量的科技金融发展模式，这进一步丰富了符合我国国情和具有中国特色的科技金融理论体系，能够发挥其在引领科技创新、深化供给侧结构性改革和建设科技强国中的重要作用。2021 年，国家深化新三板改革，设立北京证券交易所，补齐了多层次资本市场发展普惠金融的短板，进一步完善了我国的多层次资本市场体系。

可以看出，我国在推动科技金融不断发展的过程中，实施了创业投资税收优惠、风险投资、投贷联动等多种政策以支持企业创新发展。新时期，企业已成为国家战略科技力量的重要组成部分，在国家科技创新体系中占据更加重要的地位。加强企业主导的产学研深度融合，有利于加快科技成果向现实生产力转化，提升产业化水平，发挥创新要素集聚效应，构建协同高效创新体系。与以往的科技政策相比，通过科技金融政策工具创新来引导各类创新要素向优秀企业集聚，精准赋能企业创新发展，让具有核心竞争力的科技型中小微企业脱颖而出，从而培育更多的领军企业，具有重要的意义。

## 2. 科技金融政策实施

1985 年，中共中央正式发布《关于科学技术体制改革的决定》，这标志着我国科技与金融的结合进入起步阶段。因此，以 1985 年作为政策文本分析的起点。为了尽量确保政策选取不产生遗漏，确定以下政策文本基本选取原则：一是科技与金融的结合在前期仅在部分试点城市或科技园区开展，因此本书不考虑省级及以下城市的政策文本，仅选择国务院各部委及其直属机构发布的政策文本；二是政策文本内容应与科技金融密切相关，应是直接规定或体现发展科技金融的政策，而非简单涉及科技创新或金融领域；三是政策文本的形式主要包括法律、通知、规划等，不包括领导人讲话、批示及信函等。最终，梳理出我国 1985—2019 年发布的科技金融政策文本，共计428 份。

（1）科技金融政策文本类型

通过对 428 份政策文本进行分类统计，发现我国科技金融政策主要以办法、意见、通知、规定、条例、细则、决定、法规、纲要、方案、规范、规划及计划 13 种形式出现。根据政策的侧重点，可细分为发展规划类、法律法规类、规章条例类、决议决定类、指导意见类、实施细则类以及管理办法类，具体的科技金融政策文本类型分布情况见表 2.1。

表 2.1　1985—2019 年科技金融政策文本类型分布情况

| 文本类型 | 文本内容 | 文本形式 | 数量／份 | 占比 |
|---|---|---|---|---|
| 发展规划类 | 制定发展规划 | 规划、计划 | 4 | 0.9% |
| 法律法规类 | 明确法律地位 | 法规 | 10 | 2.3% |

续表

| 文本类型 | 文本内容 | 文本形式 | 数量／份 | 占比 |
|---|---|---|---|---|
| 规章条例类 | 控制市场规范 | 条例、纲要、规范 | 24 | 5.6% |
| 决议决定类 | 凝练发展思路 | 决定、规定 | 32 | 7.5% |
| 指导意见类 | 提出指导原则 | 意见 | 104 | 24.3% |
| 实施细则类 | 落实工作举措 | 细则、通知 | 106 | 24.8% |
| 管理办法类 | 提出指导措施 | 办法、方案 | 148 | 34.6% |

　　根据各年发布的科技金融政策文本数量，绘制了科技金融政策颁布的时序特征分布图，如图 2.1 所示。其中，时间轴上端的图是自 1985 年以来科技金融政策文本累计发布量的变化，时间轴下端为各年不同类型的科技金融政策文本发布量。从整体趋势看，我国科技金融政策文本发布量呈现明显的上升趋势，但也表现出一定程度的起伏。某些年份发布政策密集，某些年份呈现"政策空白"，这与全球经济形势及我国一些具体年份的宏观经济背景息息相关。与此同时，我国科技金融政策经历了两方面的转变。第一，文本类型的转变。文本类型由宏观层面的指导意见类政策转变为注重实操的实施细则类政策。经济体制改革时期，我国科技金融政策以指导、规划类普适性政策为主。在经历了起步阶段的尝试和探索后，逐步实现 7 类政策文本全面覆盖，其中，实施细则类政策作为科技与金融结合的实操性指导文件，占比达 24.8%。第二，政策内容的转变。政策内容由用语模糊、缺少量化指标，走向具有明确的规划目标，科学性也随之增强。例如，1999 年发布的《科技兴贸行动计划》中指出"在项目选项、项目目标和资金配置上向高技术出口产品的研究开发倾斜"，2011 年颁布的《国家"十二五"科学和技术发展规划》中明确地提出"全社会研发经费与国内生产总值的比例提高到 2.2%""全国技术市场合同交易总额达到 8000 亿元"等具体发展目标。

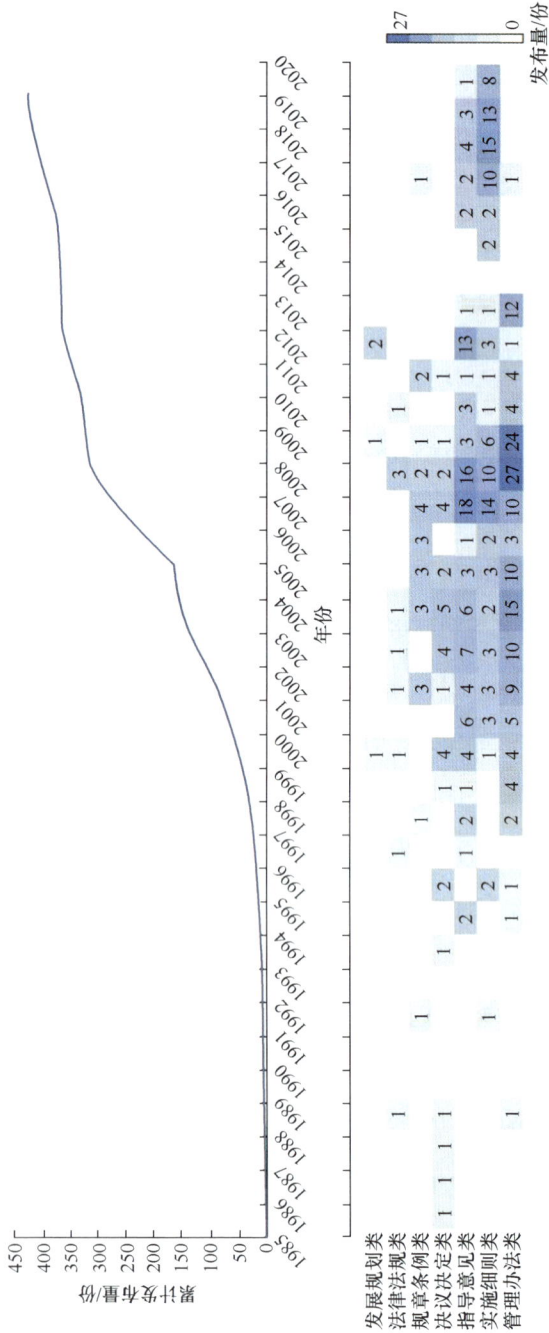

图 2.1 科技金融政策颁布的时序特征分布

发展规划类
法律法规类
规章条例类
决议决定类
指导意见类
实施细则类
管理办法类

年份

发布量/份

政策数量/份

（2）科技金融政策主体构成

政策主体是在政策整个运行周期中，对政策问题、政策过程、政策目标群体主动实施影响的组织。通过对政策发文主体进行统计，得到独立发布科技金融政策的机构及发布的相应文本数量情况，如表2.2所示。单独发文的机构共有21个，科技部发文最多，国务院和财政部次之。

表 2.2　独立发布科技金融政策的机构及发布的相应文本数量情况

| 发布机构 | 数量/份 | 发布机构 | 数量/份 |
|---|---|---|---|
| 科技部 | 105 | 人社部 | 3 |
| 国务院 | 58 | 商务部 | 2 |
| 财政部 | 12 | 农业农村部 | 1 |
| 国家自然科学基金委员会 | 11 | 国家版权局 | 1 |
| 国家发展改革委 | 7 | 国家市场监督管理总局 | 1 |
| 教育部 | 6 | 气象局 | 1 |
| 中共中央办公厅 | 4 | 国家开发银行 | 1 |
| 知识产权局 | 4 | 地震局 | 1 |
| 工信部 | 3 | 国家税务总局 | 1 |
| 银保监会 | 3 | 中国人民银行 | 1 |
| 海关总署 | 2 | | |

科技部作为国家主管科技创新的职能部门，主要与16个机构共同进行相关政策制定，基本实现多点支撑、多业并举、多元发展的新格局，如图2.2所示。其中，圆环上的连接线表示共同发布科技金融政策的机构之间互相关联，连接线的宽度表示不同机构间关联的程度，连接线越宽，关联程度越高。其中，财政部与科技部关联程度最高，其次是国家税务总局和国家发展改革委。可见在促进科技金融发展过程中，财政部已与科技部结成"铁杆"合作伙伴，财政部与科技部频繁协调合作，力图有效引导、规范金融资本在科技创新中发挥重要促进作用。

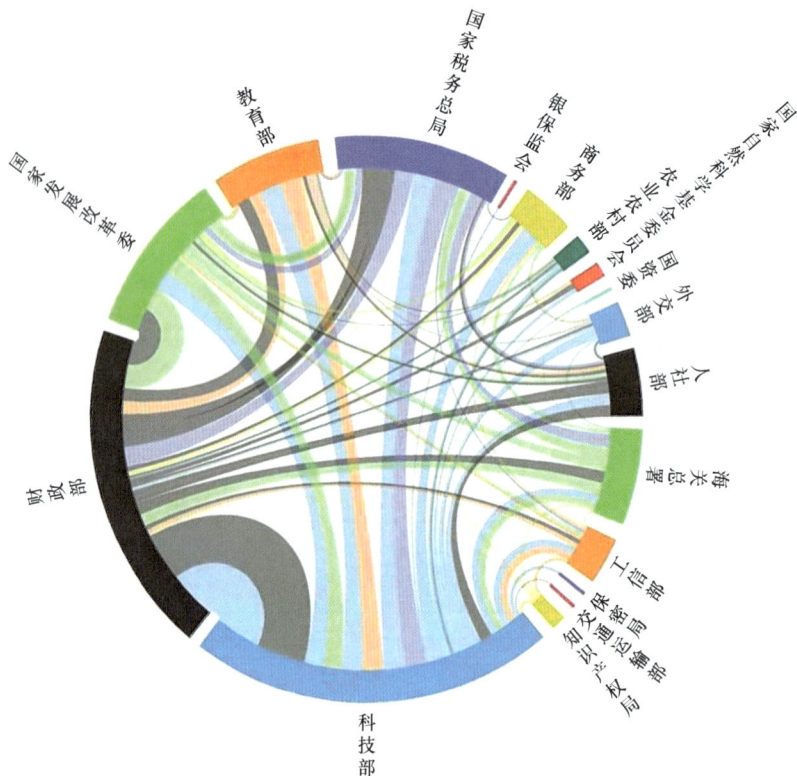

图 2.2　联合发布科技金融政策的机构及其关系图

## 第二节　顺应时代需求而生：企业创新积分制

　　信息技术的广泛运用开启了数字政务时代。近年来，人工智能、云计算等信息技术的广泛运用，为数字政务治理奠定了基础。发达国家纷纷采取行动，出台相关举措，例如美国发布《数字政府：建立更好服务美国人民的21世纪平台》，韩国推出"政府3.0时代"，2022年丹麦启动了新的数字化战略，等等。特别是新冠疫情以来，各国政府加快了数字政务的发展，以期为经济复苏提供支撑。可以说，数字政务时代的开启，改变了政府服务企业的方式。

"放管服"改革加快推动我国数字政务发展。在"放管服"改革的大背景下，数字政务快速推进，朝普惠、便利、高效等方向发展。《2022 联合国电子政务调查报告》显示，中国电子政务全球排名提升到第 43 位。相关研究认为，政务服务数据共享对提升政府服务供给能力具有促进作用。国家高度重视电子政务发展，出台了一系列政策举措，并且在 2022 年印发了《国务院关于加强数字政府建设的指导意见》，推动将数字技术广泛应用于政府管理服务，推进政府治理流程优化、模式创新和履职能力提升，明确提出了"准确把握行业和企业发展需求，打造主动式、多层次创新服务场景，精准匹配公共服务资源，提升社会服务数字化普惠水平，更好满足数字经济发展需要"。国务院办公厅印发了《关于加快推进政务服务"跨省通办"的指导意见》《关于加快推进"一件事一次办"打造政务服务升级版的指导意见》等文件，各级政府实施的"最多跑一次""一网通办""一网统管""一网协同""接诉即办"等模式机制遍地开花，为企业创新积分制奠定了基础。例如，贵州试点推动"互联网＋政务服务"工作，促进大数据与政务服务深度融合，使政府调查数据实现跨层级、跨系统、跨业务互联互通；北京推动建设数字政务大平台，打通审批、服务、监管、执法、信用全链条。

数字时代大背景和国内数字政务发展奠定了企业创新积分制的技术基础。企业创新积分制是基于数据的量化评价方法，具有企业"零填报"特征，需要大量、准确、及时、标准化的数据才能够规模化部署。如果地方政府的数字基础设施薄弱，各系统之间存在较高数据壁垒，无法实现数据共享，那么地方政府就无法高效客观地评价企业创新能力。同样，如果只有一个地方具有完善的数字基础设施，其他地方的数字基础设施尚不完备，或者标准不一，难以运用统一的指标，那么企业创新积分制也无法在全国实现大规模试点。这会导致参差不齐、口径不一的问题，无法引导创新资源有效集聚。因此，企业创新积分制大规模试点的条件，是在我国数字政务发展到一定阶段后才成熟的。

在此背景下，为有效破解科技企业尤其是科技型中小微企业面临的融资难题，进一步加强园区企业的数字化治理能力，科技部贯彻落实中央决策部署，立足基层、立足一线，在全面调研科技企业"所需所盼"和总结基层鲜活经验的基础上，创造性地设计出一套科技企业创新能力评价机制——企业创新积分制，以 18 项核心指标为基础，按企业成长周期和技术领域赛道，分类构建了一套量化评价科技企业创新能力和成长潜力的模型。通过打通政务系统的企业数据，管理部门和金融机构可便捷地获取企业的创新积分，从而发现、识别和支持研发能力强、成长潜力大的企业，实现创新资源的高效、精准、合理配置。企业创新积分制于 2020 年底开始试点，截至 2023 年12 月，试点已覆盖全国 25 个省份的 133 家高新区，获得创新积分的企业超过 12 万家。

## 第三节　破旧立新：企业创新积分制的重大意义

### 1. 引导创新资源集聚的新途径

企业创新积分制是引导创新资源集聚的新途径。资源向企业集聚是企业成为创新主体的重要标志，而资源集聚的前提是优质企业在市场中充分展示、释放信号，充分发挥市场在配置资源中的决定性作用。企业创新积分制就是这样一项使优质企业脱颖而出的政策，能让优秀但之前被埋没的优质企业走到前面来。

## 2. 科技创新治理体系与治理能力现代化的新实践

企业创新积分制是科技创新治理体系与治理能力现代化的新实践。企业创新积分制虽然只是一项具体政策，但是它引发了政策实施思路的转变，改变了以往粗放的方式，有助于实现更加精细化的管理，以科技政策精细化引导整个国家创新治理能力的现代化和精细化。党中央高度重视精准施策，因为，再好的政策，如果在落实层面不够精准有效，成效也会大打折扣。党的十八大以来，国家出台了一系列支持企业创新发展的政策，各地也出台了相关配套政策，由此形成了较为完整的政策体系。这样一来，政策落实就成为重中之重。作为政策实施"导航仪"，企业创新积分制为各类涉企政策的实施提供了有效的导航和校准功能，是在市场主导的现代化经济体系建设中优化资源配置的创新性举措和实践探索，更为各类政策的精准实施提供了新思路和新模式。

## 3. 加快培育国家战略科技力量的新探索

企业创新积分制是强化国家战略科技力量的新型科技金融政策工具。党的二十大报告强调要"强化国家战略科技力量"，科技领军企业是国家战略科技力量的重要组成部分。科技领军企业源于科技企业，在市场竞争中成长壮大。一般而言，世界级科技领军企业皆是从科技型中小企业一步步成长起来的，优秀的企业往往隐藏在基数庞大的一般企业之中。数量不一定决定质量，但有时过大的基数会影响优质企业出现在公众视野，同时会影响高科技产业链的形成。好的企业一定是具有市场竞争力的，市场竞争力要在市场竞争中通过优胜劣汰形成。企业创新积分制既有助于扩大科技企业规模，也有助于营造创新导向的市场竞争环境。立足于企业创新积分制，更多的优质科技企业得以成长壮大；科技企业规模壮大，又为更多科技领军企业的诞生提供了可能性，并汇聚形成以科技领军企业为枢纽的产业体系，强化国家战略科技力量。

## 4. 实现科技、产业、金融良性循环的新载体

企业创新积分制是构建高水平经济循环的微观载体。科技、产业、金融形成良性循环是新发展格局下的必然路径。事实上，这就是创新链、产业链、金融链三者的融通。有什么样的经济循环就有什么样的经济结构。要实现高水平科技自立自强，就需要发展具有市场竞争力的高科技产业，并发展能够有效支持高科技产业的"耐心资本"，构建以新技术为核心的科技、产业、金融循环体系。目前在培育创新经济的过程中，缺乏服务于创新经济的、实用性强的新型科技金融政策工具，金融与科技结合的难度大、壁垒高。企业创新积分制这一新型科技金融政策工具，有利于切实推动金融进入实体经济，进而服务创新型实体经济。

第三章

认识企业创新积分制

# 第一节　基本概念

　　为深入贯彻落实党中央决策部署，加强对企业创新的正向精准激励，促进科技、产业、金融良性循环，探索通过"创新积分"精准发现、培育和支持一批研发能力强、成长潜力大的科技企业，助力"硬科技""好苗子"企业脱颖而出，加速成为科技创新主力军，科技部于 2020 年 12 月在杭州高新区（滨江）等 13 家国家高新区率先启动企业创新积分制试点；截至 2021 年底，试点高新区扩增至 59 家；截至 2023 年 12 月，试点高新区达到 133 家，企业创新积分制初步实现在全国范围内的推广。

## 1. 定义：新型科技金融政策工具

　　企业创新积分制是一种基于指标量化分析，客观评价科技企业创新能力，并引导社会各方依据评价结果精准赋能企业创新发展，以提升企业创新能力和发展质量、强化企业科技创新主体地位为目标的新型科技金融政策工具。

## 2. 作用：促进创新资源向科技企业集聚

　　通过企业创新积分制对科技企业创新能力进行精准画像和量化评价，让具有核心竞争力的科技型中小微企业脱颖而出，精准引导财税政策以及科技资源、金融资源、产业投资等各类创新资源向科技企业有效倾斜和集聚，形成科技企业与政府部门、产业部门、科教机构、金融部门深度融通的局面。

## 3. 基本原则

统一标准、协同推进。科技部制定统一的积分指标和评价模型，根据地方报送的企业核心指标数据，统一开展高新区内高新技术企业、科技型中小企业创新能力量化评价。国家及省级高新区、地方科技管理部门根据核心指标数据，结合地方实际，自主开展本地区科技企业创新积分评价。

规范管理、提升质量。依据创新积分量化评价结果，重点对高新技术企业、科技型中小企业实行分类分层分级式管理和精准画像，引导地方改变对高新技术企业、科技型中小企业"重数量""轻质量"的政策支持导向，以提高我国科技企业的创新能力和发展质量。

集成政策、精准支持。国家及省级高新区、地方科技管理部门要主动衔接当地支持企业创新的财政、人才、住房、土地等政策，以企业创新积分制为依据，精准量化地支持创新能力突出的科技企业，面向企业全生命周期主动送策，增强企业政策获得感。

撬动资源、主动增信。积极对接商业银行、政策性金融机构、投资机构、资本市场等，对创新积分企业主动增信支持，有效撬动金融资本等各类社会资源支持高新区内的高新技术企业、科技型中小企业，切实强化企业创新主体地位。

## 4. 典型做法

企业创新积分制引导金融"活水"精准灌溉"硬科技"企业，通过试点实践总结出可复制可推广的机制模式，为我国现代化科技治理体系建设和创新政策改革探索提供了新的样本和典型案例，并形成了典型的工作做法，用5个字可以概括，即"建""通""送""联""塑"。

"建"：建立精准量化评价科技企业的积分指标和模型。

"通"：打通政务数据渠道，实现企业数据"零填报"。

"送"：组织试点构建积分数据信息化平台，将涉企政策与积分挂钩，实现精准施策、主动送策。

"联"：联合金融机构汇聚众力，破解科技企业融资难题。

"塑"：跟踪优质企业，将各领域积分排名前 500 的企业主动推送给金融机构、投资机构、证券交易所等，塑造创新"高峰"，打造国家战略科技力量的储备军。

## 第二节　内涵与外延

科技型中小微企业融资难、融资贵是"老大难"问题。一边是融资需求迫切的科技企业，一边是拥有资金、对好项目"求贤若渴"的金融机构，两边却总是"握手难"。金融之水难解科技企业之渴，"看不懂"是重要原因。企业创新积分制按照企业成长周期和技术领域赛道，分类构建量化评价科技企业创新能力和成长潜力的模型，并通过打通政务系统的企业数据，绘制出可以让管理部门、金融机构、投资机构等一目了然的"科创地图"和"企业画像"，从而发现、识别和支持研发能力强、成长潜力大的企业，让具有核心竞争力的科技型中小微企业脱颖而出。未来，企业创新积分制将以提质扩面、规范实施为工作重点，提炼出全国性企业科技创新属性评价标准，面向更多行政区、功能区推广实施；持续拓展创新积分应用场景，主动推动更多资源向优秀企业集聚，最大限度释放新型科技金融政策工具效能，努力为提升科技企业创新能力、助力高水平科技自立自强贡献力量。

# 功能与定位

当前，世界百年未有之大变局正在加速演进，国际环境更加复杂、严峻和不确定，科技竞争愈演愈烈，科技创新能力日益成为核心竞争力。在此背景下，加强企业的创新主体地位、培育发展科技企业，面临以下新形势、新挑战、新要求。

第一，国际国内形势复杂，科技竞争态势激烈，新一轮科技革命和产业变革突飞猛进，国际政治、经济、科技、文化、安全等格局正在发生重大调整。世界经济陷入缓慢发展期，一些西方国家单边主义、贸易保护主义抬头，贸易摩擦和科技竞争长期存在且愈演愈烈，国际科技出口、技术投资、人才交流等方面的障碍对我国科技企业的创新发展产生了重大影响。

第二，资源凝聚能力较弱，科技创新动力不足。科技企业实现跨越发展往往需要大量研发资金和昂贵的专业测试与加工设备等创新要素的投入。然而，资本并不完全具有"等得起"的耐心和"输得起"的承受力，这就使得一些科技企业尤其是初创期科技企业面临融资难、融资贵的发展难题。同时，部分欧美发达国家利用其在全球市场的话语权排斥我国企业参与国际市场竞争，这进一步影响了我国科技企业开放式创新能力的提升。

第三，科技领军企业稀缺，创新发展动能缺乏。随着我国经济发展进入提质增效的新阶段，创新已成为经济结构调整和产业转型升级的第一动力。相较国际上一些创新型经济发达国家，总体来看，我国科技企业的创新活力仍然不足，创新活动仍局限在一部分科技企业中；创新效果及创新环境的不突出在一定程度上也抑制了企业创新的主动性和积极性；具有核心自主知识产权、创新引领能力强的新兴产业和未来产业中缺乏领军企业，缺乏引领经济增长的新引擎。

金融支持科技创新面临以下主要矛盾。

第一，风险偏好的匹配难。"卡脖子"技术往往具有"三高一长"特征，即高风险、高投入、高回报、长周期。以半导体芯片行业为例，全行业研发投入强度高达 22%，是全球研发投入强度最高的行业。又如，新药研发周期在 10 年以上，投入金额平均为 10 亿美元，整个研发过程需要大量试错，往往在上万种化合物中才能最终筛选出一种有效药物。在这种情况下，我国现有商业金融体系对科技创新的支撑尚不充分。

一方面，我国以银行信贷占比达 80% 以上的间接融资模式为主的传统金融格局的风险容忍度低，难以匹配科技研发过程的"高风险、高投入"特征。特别是商业银行，肩负对广大储户还本付息的刚性兑付义务，难以承受"卡脖子"技术研发过程中的高失败率风险。

另一方面，相比美国，我国有风险承受能力的直接股权融资渠道呈现直接融资占社会融资比例低、覆盖面窄、更加短视的特征。截至 2020 年底，在中国证券投资基金业协会备案的私募股权和创投基金中，长期资本占比仅约 4%；若把国内政府引导基金列入长期资本，占比也仅为 10% ～ 20%；而美国的长期资本占比为 70% ～ 80%。我国创投基金普遍要求"5+2"周期（即 5 年投资期和 2 年退出期），明显短于美国等成熟资本市场的"10+2"周期。对于"卡脖子"技术，从研发技术突破到量产化创造商业价值，至少需要 10 年时间，这导致初创期科技企业融资难问题更加突出。

第二，轻资产企业的融资难。金融支持科技创新存在传统金融体系"重抵押"与科技企业"轻资产"之间的矛盾。国家知识产权局数据显示，2022年上半年，全国专利商标质押融资额仅为 1626.5 亿元，这个金额对科技企业融资需求而言明显偏少。在我国以银行为主的传统融资模式下，科技企业需要以房屋、设备等相对稳定的固定资产作为抵押品，然而初创期科技企业的自身特点与银行信贷准入标准存在较大差异。

初创期科技企业的核心资产是专利、发明等无形资产，科技企业存在产权价值评估难、波动性强、变现流转难等实际困难，并且面临原有技术发明被市场竞争淘汰、产权价值灭失的市场风险，因此，知识产权质押融资应用较为受限。从商业银行看，部分银行机构的总行创设的知识产权质押融资产品与科技企业实际契合度低，加上产权价值评估难、变现流转难等实际问题，致使银行风险处置无抓手，因而银行机构对产权质押业务准入持谨慎态度。从保障机构看，产权服务基础设施不完善也严重制约科创金融发展。初创期科技企业信息共享不畅，产权质押业务配套激励约束及风险缓释机制尚未形成，特别是增信担保机制不健全，权威产权评估机构缺乏，产权评估标准流程不统一，现有区域股权交易市场不活跃等，也严重制约产权可变现能力。

第三，信息不对称下的风控难。科技自立自强是个动态过程，不仅亟待技术突破，还需打通从技术突破到成果转化的"中间一公里"，从而产生经济利润并投入下一轮技术创新，保持技术的先进性，避免再次被"卡脖子"。然而，目前这一循环面临国内金融体系习惯于"垒大户"、高风险、信息透明度不足等共性问题，又有所处领域专业性过强、技术开发与成果转化前景不确定等特点，因而信息不对称问题突出，风险管理成为关键难题。出于规避风险的考虑，我国以商业银行为主导的金融体系往往重视那些经营走上正轨、治理趋于完善、产品具备市场竞争力的稳定期科技企业，而尽量规避处于初创期、成长期的科技型中小企业，这使得承接成果转化的科技型中小企业难以获得有效金融支持，影响成果转化效率。因此，大量科技型中小企业的融资难问题亟待破局。

尽管随着一系列改革措施的推进，我国已经建立了较为完整的科技金融服务体系以支持科技创新的快速发展，但从客观上看，我国目前仍是以间接融资为主的金融供给结构，仍呈现出服务科技创新效能不足以及堵点、瓶颈较多等问题，金融服务科技创新的体制机制仍需进一步优化完善。从这个意义上说，如何建立更加完善的科技金融体系，如何汇聚更多的科技创新资源，支持国家科技创新，使科技创新和资本要素更高质量结合，成为当前我国实现科技资本与实体经济紧密结合的关键。

企业创新积分制的功能与定位就是通过科技金融政策工具创新，通过指标数据对科技企业的创新能力进行精准画像，来解决以上发展矛盾。

## 第四节　评价方法

### 1. 定指标：设计评价指标

科学、客观的创新积分评价指标及权重是确保企业创新积分制实施成效的关键与核心内容之一。科技部对《全球创新指数》《欧盟产业研发投入记分牌》等30余项国内外主要创新能力评价报告进行深入调研分析，在充分参考借鉴国际和国内创新能力评价实践基础上，结合国家高新区试点经验，从指标的价值发现性、可获取性、可比较性、可量化性和可解释性等方面，研究制定了量化评价企业创新能力的企业创新积分核心指标，重点突出企业在关键核心技术创新能力方面的评价。

核心指标目前涵盖 3 类一级指标和 18 项二级指标：第一类是技术创新指标（具体包括研发费用金额、研发费用增速、研发费用占营业收入的比例、科技人员占职工总数的比例、与主营业务相关的发明专利申请量、与主营业务相关的 PCT 专利申请量、技术合同成交额等 7 项指标），第二类是成长经营指标（具体包括高新技术产品与服务收入、营业收入、营业收入增长率、研究生学历人员占比、研发费用加计扣除所得税减免额、净利润率等 6 项指标），第三类是辅助指标（具体包括吸纳应届毕业生人数、近两年承担建设省级及以上研发或创新平台数量、近两年获得省级及以上科技奖励数量、近两年承担省级及以上科技计划项目数量、近三年获得风险投资金额等 5 项指标）。各地可结合实际，在核心指标的基础上，充分考虑区域差异与特点，自主探索形成地方指标、指标权重和积分计算方法，构建具有区域特色的积分体系。

## 2. 汇数据：开展数据汇集

国家及省级高新区、地方科技管理部门须按照"放管服"要求，主动打通现有政务数据平台，直接"抓取"现有企业数据资源，避免重复填报，尽量做到企业"零填报"，实现全流程网上操作，切实减轻企业负担。

## 3. 量化计算：利用信息平台

为切实提高服务效率，科技部设计并上线运行了"全国企业创新积分信息管理平台"，基本实现了积分企业数据汇通、创新能力精准画像、指标数据统计分析、创新积分一键生成等便捷化、高效化全流程线上操作功能，做到了指标数据的采集汇聚、积分量化、统计分析等全过程留痕，可查询、可追溯。

## 4. 结果应用：发布量化结果

为提高企业创新积分制的政策效力和工作品牌影响力，科技部根据核心指标数据和独立的评价模型，公平公正计算科技企业创新积分，按初创期、成长期、稳定期等企业成长阶段，分产业领域重点对全国高新技术企业、科技型中小企业等进行积分评价，并按"百分制"排序，视情况以积分数值范围对应企业创新能力等级梯度的形式公布创新积分结果及优秀企业名单，如××阶段××领域创新积分前 100 企业。各地可自主开展本地区高新技术企业、科技型中小企业创新积分"百分制"评价及结果发布，并定期公布本地区配套支持政策。

国家高新区通过应用实施企业创新积分制，在引导财税政策、科教资源、人才、金融资源向企业聚集等方面已取得了良好效果。下一步，科技部将切实发挥"小积分"撬动"大能量"的新型科技金融政策工具的赋能作用。一是支持地方政府通过应用企业创新积分制不断提升政府数字化治理能力、精准施策能力和现代化服务能力，积极整合本地区各类涉企支持政策，如科技计划、平台基地、税收优惠、土地资源、人才落户、政策性住房等方面，根据积分结果精准量化支持积分企业创新发展。二是支持银行类金融机构依据企业创新积分，做出独立的风险研判与增信授信决策。三是支持创业投资机构、资本市场参考企业创新积分，加强对优秀积分企业的股权投资与上市融资力度，促进解决高新区内高新技术企业、科技型中小企业融资难、融资贵问题。四是支持管理部门参考企业创新积分，支持优秀积分企业申报国家科技计划项目、人才项目、平台基地项目等，充分发挥企业创新主体地位和企业在关键核心技术研发攻关方面的重要作用。五是支持推动产业资源与积分企业相互衔接，为优秀积分企业的新技术新产品提供应用场景，引导领军企业与优秀积分企业建立产业链供应链合作，促进初创期科技企业加速成长。

第四章

# 我国企业创新积分制的
# 发展现状与总体态势

## 第一节　面上分析：积分企业总体特征

### 1. 试点工作推进情况及政策成效

科技部于 2020 年起在 13 家国家高新区探索开展企业创新积分制试点，2021 年试点高新区扩增至 59 家。2022 年，科技部扎实推进企业创新积分制工作标准化、规范化、科学化实施，在总结试点经验的基础上，研究制定了包括积分指标、量化模型、数据规范、信息平台、应用场景等在内的《"企业创新积分制"工作指引（1.0）》，分区域召开工作推进会，交流工作经验、强化工作部署，主动服务和指导试点单位高质量开展企业创新积分制工作。截至 2023 年 12 月，实施企业创新积分制的试点单位已达 133 家（包括 101 家国家高新区和 32 家省级高新区），覆盖了全国 25 个省份，初步实现了企业创新积分制大范围推广实施。同时，企业创新积分制在精准撬动银行金融、引导地方精准施策、引导创投投早投小等方面的政策成效显著。全国各试点高新区数量如图 4.1 所示。

在精准撬动银行金融方面，科技部与工商银行、农业银行、中国银行、建设银行、邮储银行、交通银行、中信银行、国家开发银行、招商银行、光大银行等 10 余家银行建立了"总对总"合作机制，加快开发"创新积分贷"专项科技金融产品。2022 年，各行为积分企业提供无抵押授信 1178.6 亿元。

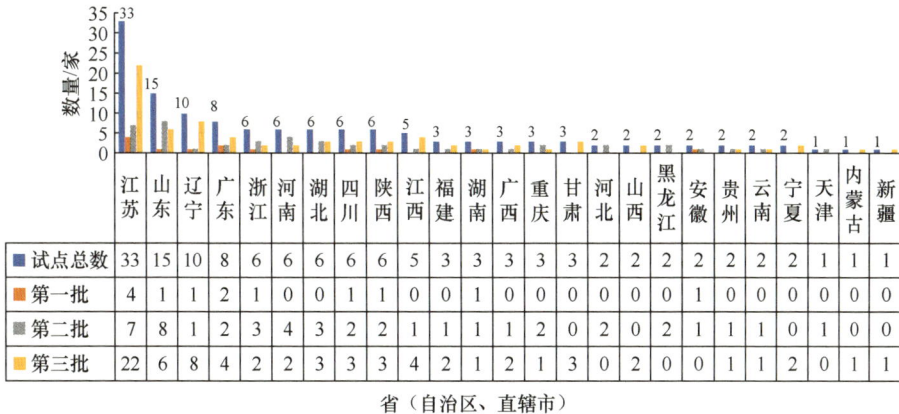

| 省（自治区、直辖市） | 江苏 | 山东 | 辽宁 | 广东 | 浙江 | 河南 | 湖北 | 四川 | 陕西 | 江西 | 福建 | 湖南 | 广西 | 重庆 | 甘肃 | 河北 | 山西 | 黑龙江 | 安徽 | 贵州 | 云南 | 宁夏 | 天津 | 内蒙古 | 新疆 |
|---|---|---|---|---|---|---|---|---|---|---|---|---|---|---|---|---|---|---|---|---|---|---|---|---|---|
| 试点总数 | 33 | 15 | 10 | 8 | 6 | 6 | 6 | 6 | 6 | 5 | 3 | 3 | 3 | 3 | 3 | 3 | 2 | 2 | 2 | 2 | 2 | 2 | 1 | 1 | 1 |
| 第一批 | 4 | 1 | 1 | 2 | 1 | 0 | 0 | 1 | 0 | 0 | 0 | 0 | 1 | 0 | 0 | 0 | 0 | 0 | 0 | 0 | 0 | 0 | 0 | 0 | 0 |
| 第二批 | 7 | 8 | 1 | 2 | 3 | 4 | 3 | 2 | 2 | 1 | 1 | 1 | 0 | 2 | 0 | 2 | 0 | 0 | 1 | 1 | 1 | 0 | 1 | 0 | 0 |
| 第三批 | 22 | 6 | 8 | 4 | 2 | 2 | 3 | 3 | 3 | 4 | 2 | 1 | 2 | 1 | 3 | 0 | 2 | 0 | 0 | 1 | 1 | 2 | 0 | 1 | 1 |

图 4.1 全国各试点高新区数量

在引导地方精准施策方面，企业创新积分制有效助力地方提升数字化治理能力，各试点高新区主动靠前服务，积极将财政、科技、人才、土地、住房等政策与积分精准挂钩。2022 年，各试点高新区依据量化积分，为积分企业精准提供财政资金支持达 307.4 亿元。

在引导创投投早投小方面，企业创新积分制支持创投机构精准识别和提前发现研发能力强、成长潜力大的初创期科技企业，引导创投机构投早投小。2022 年，积分企业获得创业投资 1294.9 亿元。

## 2. 积分企业总体概况

2022 年，前两批 59 家试点高新区通过"全国企业创新积分信息管理平台"合计汇集上报了 71 300 家企业，对企业所属领域、指标数据有效性等内容进行核查后，初步认定了 70 013 家企业为有效积分企业，积分企业数量较上年增长 220%，其中，初创期企业（注册时间为 5 年以内）19 004 家、成长期企业（注册时间为 5~10 年）23 789 家、稳定期企业（注册时间为 10 年以上）27 220 家，较好地实现了对初创期、成长期科技企业的覆盖，有效发挥了创新积分对企业创新的价值发现作用。70 013家积分企业中，共有高新技术企业46 000家、科技型中小企业36 000家，二者的占比分别为65.70%和51.42%。其中，电子信息领域有高新技术企业17 015家、科技型中小企业13 589家；高技术服务领域有高新技术企业7370家、科技型中小企业7742家；航空航天领域有高新技术企业403家、科技型中小企业267家；生物与新医药领域有高新技术企业3431家、科技型中小企业2382家；先进制造与自动化领域有高新技术企业10 449家、科技型中小企业6980家；新材料领域有高新技术企业3625家、科技型中小企业2242家；新能源与节能领域有高新技术企业1641家、科技型中小企业959家；资源与环境领域有高新技术企业2288家、科技型中小企业1525家。2022年各试点高新区上报积分企业数量如图4.2所示。

从所属领域和成长阶段来看，70 013家积分企业中，电子信息领域的企业数量最多，共22 913家，占比为32.73%；其次为高技术服务领域，共16 162家，占比为23.08%；排名第三的为先进制造与自动化领域，共13 962家，占比为19.94%。70 013家积分企业中，稳定期积分企业数量最多，占比达38.88%；其次为成长期积分企业，占比为33.98%；最后为初创期积分企业，占比为27.14%。各领域处于不同成长阶段的积分企业的占比结构也有较大不同，电子信息领域的成长期积分企业数量占比最高，为37.53%，其次为初创期积分企业，占比为33.71%；先进制造与自动化领域的稳定期积分企业数量占比最高，为54.79%，其次为成长期积分企业，占比为30.07%；高技术服务领域的初创期积分企业数量占比最高，为39.57%，其次为成长期积分企业，占比为36.18%。各领域（其他领域未体现）积分企业数量具体如图4.3所示。

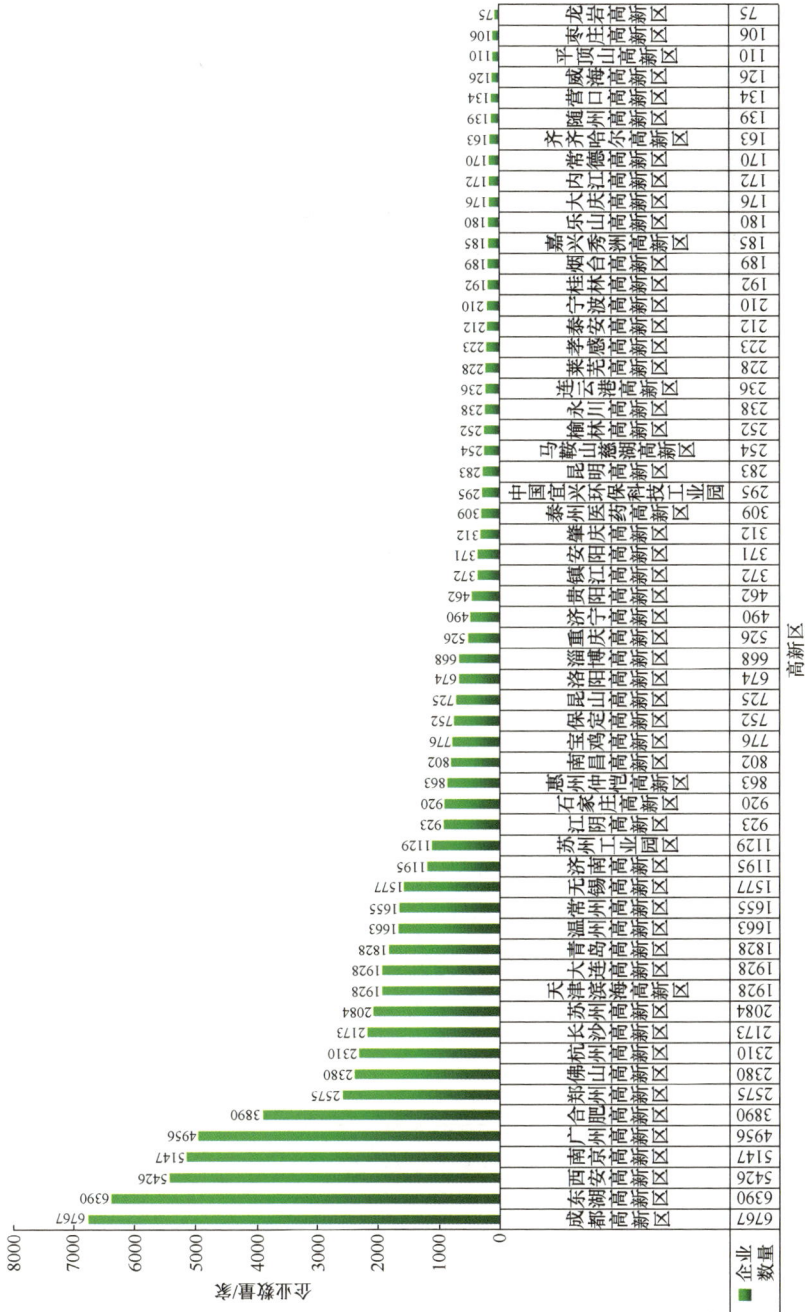

图 4.2 2022 年各试点高新区上报积分企业数量

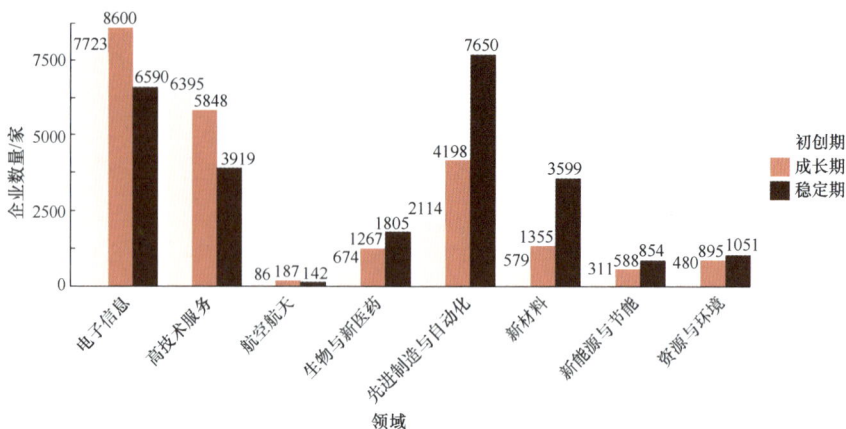

图 4.3　各领域积分企业数量

基于科技部于 2022 年收集的 70 013 家科技企业 2020—2021 年的数据样本，展开以下分析。

从营业收入来看，如表 4.1 所示，2021 年 70 013 家积分企业的平均营业收入为 3233 万元，2020 年的平均营业收入为 2551.71 万元，同比增长 26.70%。2021 年的营业收入中位数为 941.5 万元，前 75% 的数据在 4613.4 万元内，最大营业收入为 12 228 万元；2020 年营业收入中位数为 660 万元，前 75% 的数据在 3685.43 万元内，最大营业收入为 9732.5 万元。相比 2020 年，2021 年积分企业的营业收入在各项统计指标上均有显著增长。从图 4.4 中可看出，2021 年，营业收入小于等于 2500 万元的积分企业数量最多。

表 4.1　2021 年和 2020 年积分企业营业收入指标值分析

| 变量名 | 样本量 | 变量单位 | 平均值 | 中位数 | 最小值 | 较小四分位数 | 较大四分位数 | 最大值 |
|---|---|---|---|---|---|---|---|---|
| 2021 年营业收入 | 70 013 家 | 万元 | 3233 | 941.5 | 0 | 164.3 | 4613.4 | 12 228 |
| 2020 年营业收入 | 70 013 家 | 万元 | 2551.71 | 660 | 0 | 92.97 | 3685.43 | 9732.5 |

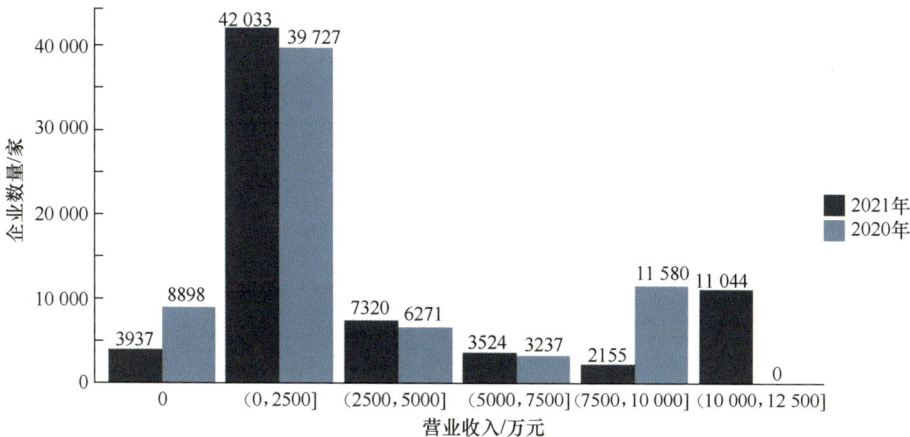

图 4.4　2021 年和 2020 年积分企业营业收入指标值区间分布

　　从人员规模来看，如表 4.2 和图 4.5 所示，2021 年 70 013 家积分企业的平均从业人员期末数[1]为 110.8 人，17 063 家积分企业从业人员期末数为 8 ～ 19 人，14 811 家积分企业从业人员期末数为 20 ～ 49 人，8469 家积分企业从业人员期末数为 50 ～ 99 人，5439 家积分企业从业人员期末数为 100 ～ 199 人，6593 家积分企业从业人员期末数为 200 人（含）以上。从拥有研究生学历的人员情况来看，如图 4.6 所示，超过一半的积分企业拥有的研究生学历人员数量为 0；拥有研究生学历的人员占比大于 15% 且小于等于 20% 的积分企业共 11 107 家；拥有研究生学历的人员占比大于 0% 且小于等于 5% 的积分企业共 10 921 家。

---

1　从业人员期末数：报告期末最后一日 24 时在本单位工作，并取得工资或其他形式劳动报酬的人员数，不包括最后一日当天及以前已经与单位解除劳动合同关系的人员，因此从业人员期末数可能为 0。

表 4.2　积分企业人员规模指标值分析

| 变量名 | 样本量 | 变量单位 | 平均值 | 中位数 | 最小值 | 较小四分位数 | 较大四分位数 | 最大值 |
|---|---|---|---|---|---|---|---|---|
| 从业人员期末数 | 70 013 家 | 人 | 110.8 | 20 | 0 | 7 | 62 | 62 319 |
| 研究生学历人员占比 | 70 013 家 | % | 4.69 | 0 | 0 | 0 | 7.692 | 19.22 |

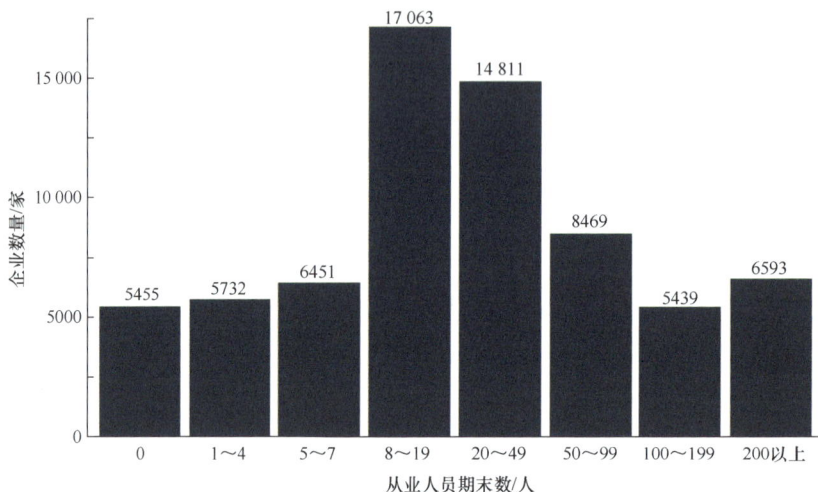

图 4.5　积分企业从业人员期末数指标值区间分布

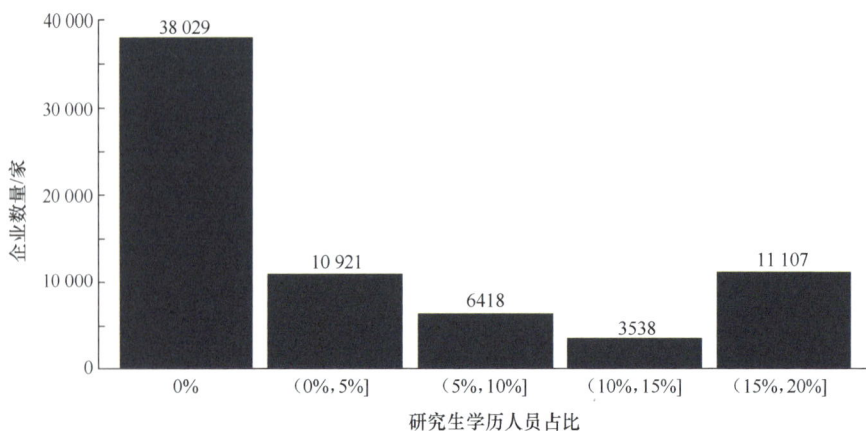

图 4.6　积分企业研究生学历人员占比指标值区间分布

从研发费用来看，如表 4.3 所示，2021 年 70 013 家积分企业的研发费用从 0 元到 897.89 万元不等，具有较强的头部效应。其中，头部 1% 积分企业的研发费用占据了全部积分企业研发费用总额的 83.90%。从对 2021 年积分企业研发费用指标值的描述统计来看，70 013 家积分企业的研发费用平均值为 232.796 万元，中位数为 82.356 万元，最大值为 897.89 万元，前 75% 的积分企业研发费用在 332 万元以内，整体分布属于左偏态。整体来看，2021 年积分企业研发费用平均值较上年有明显增长。2021 年和 2020 年积分企业研发费用指标值区间分布情况如图 4.7 所示。

表 4.3　2021 年和 2020 年积分企业研发费用指标值分析

| 变量名 | 样本量 | 变量单位 | 平均值 | 中位数 | 最小值 | 较小四分位数 | 较大四分位数 | 最大值 |
|---|---|---|---|---|---|---|---|---|
| 2021 年研发费用 | 70 013 家 | 万元 | 232.796 | 82.356 | 0 | 9.553 | 332 | 897.89 |
| 2020 年研发费用 | 70 013 家 | 万元 | 193.02 | 59.65 | 0 | 0 | 280 | 759.3 |

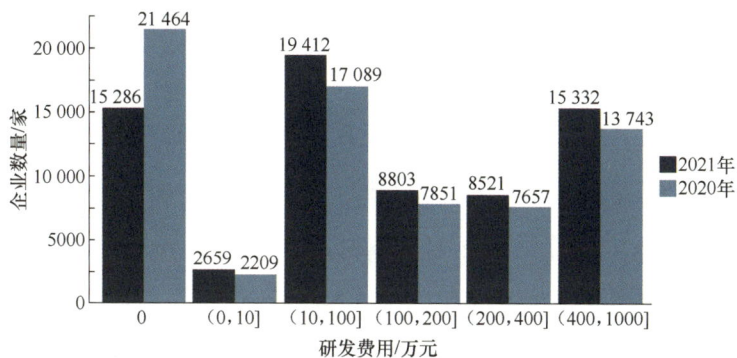

图 4.7　2021 年和 2020 年积分企业研发费用指标值区间分布

从研发费用占营业收入的比例来看，如表 4.4 所示，2021 年 70 013 家积分企业研发费用占营业收入的比例的平均值为 15.679%，中位数为 7.165%，最小值为 0%，最大值为 58.623%。积分企业研发费用占营业收入的比例指标值区间分布情况如图 4.8 所示。

表 4.4　积分企业研发费用占营业收入的比例指标值分析

| 变量名 | 样本量 | 变量单位 | 平均值 | 中位数 | 最小值 | 较小四分位数 | 较大四分位数 | 最大值 |
|---|---|---|---|---|---|---|---|---|
| 研发费用占营业收入的比例 | 70 013 家 | % | 15.679 | 7.165 | 0 | 2.124 | 21.861 | 58.623 |

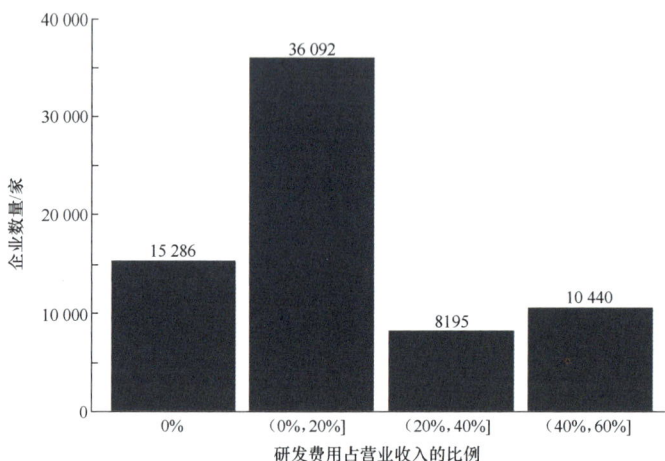

图 4.8　积分企业研发费用占营业收入的比例指标值区间分布

从研发费用增速来看，如表 4.5 所示，2021 年 70 013 家积分企业的研发费用增速平均值为 23.055%，中位数为 6.404%，最大值为 112.79%。研发费用呈现负增长的积分企业有 31 826 家，占比为 45.46%，有 24.54% 的积分企业研发费用增速为 0%（不含）～ 50%（含）。积分企业研发费用增速指标值区间分布情况如图 4.9 所示，其中研发费用增速大于 100% 的积分企业共有 15 250 家，占比为 21.78%。

表 4.5　积分企业研发费用增速指标值分析

| 变量名 | 样本量 | 变量单位 | 平均值 | 中位数 | 最小值 | 较小四分位数 | 较大四分位数 | 最大值 |
|---|---|---|---|---|---|---|---|---|
| 研发费用增速 | 70 013 家 | % | 23.055 | 6.404 | −100 | −5.008 | 72.334 | 112.79 |

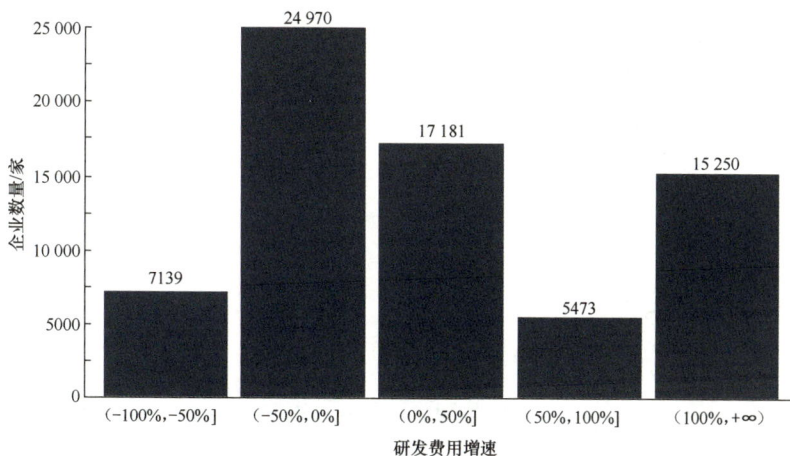

图 4.9　积分企业研发费用增速指标值区间分布

从发明专利申请量来看，如表 4.6 所示，2021 年 70 013 家积分企业与主营业务相关的发明专利申请量从 0 件到 118 件不等，具有明显的头部效应。其中，头部 1% 积分企业的发明专利申请量占全部积分企业的 84.8%。从对发明专利的描述性统计来看，积分企业发明专利申请量平均值为 3.103 件，最大值为 118 件。积分企业与主营业务相关的发明专利申请量指标值区间分布情况如图 4.10 所示。70 013 家积分企业与主营业务相关的 PCT 专利申请量平均值为 0.083 87 件，最大值为 18 件；头部 1% 积分企业的与主营业务相关的 PCT 专利申请量占全部积分企业的 94.73%。全部积分企业中，2021 年有 PCT 专利的积分企业共 1354 家，占比为 1.93%，如图 4.11 所示。

表 4.6　积分企业与主营业务相关的发明专利和 PCT 专利申请量指标值分析

| 变量名 | 样本量 | 变量单位 | 平均值 | 中位数 | 最小值 | 较小四分位数 | 较大四分位数 | 最大值 |
|---|---|---|---|---|---|---|---|---|
| 与主营业务相关的发明专利申请量 | 70 013 家 | 件 | 3.103 | 0 | 0 | 0 | 1 | 118 |
| 与主营业务相关的 PCT 专利申请量 | 70 013 家 | 件 | 0.083 87 | 0 | 0 | 0 | 0 | 18 |

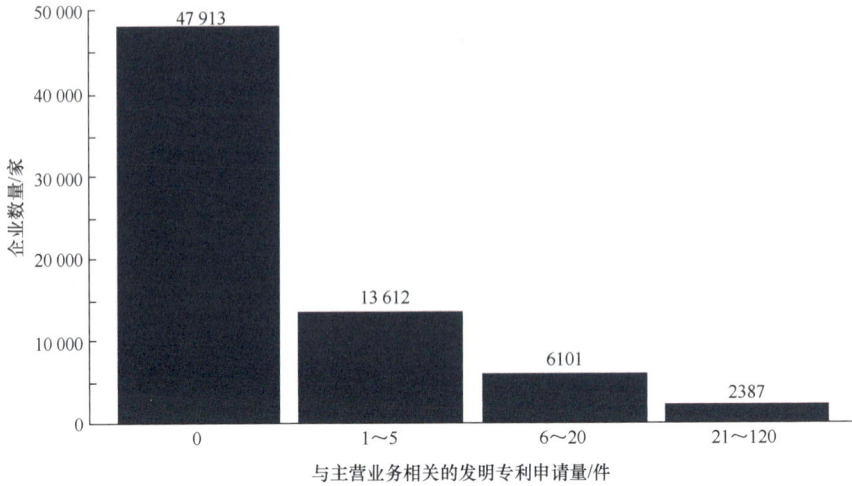

图 4.10　积分企业与主营业务相关的发明专利申请量指标值区间分布

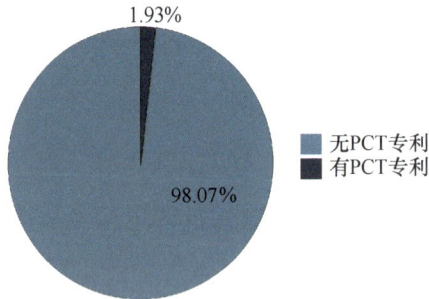

图 4.11　积分企业与主营业务相关的 PCT 专利申请量分布

　　从营业收入增长率来看，如表 4.7 和图 4.12 所示，2021 年 70 013 家积分企业营业收入增长率的平均值为 33.191%，其中有约 1/3 的积分企业的营业收入呈现负增长状态；营业收入增长率在 50%（不含）以上的积分企业数量为 23 356 家，占比为 33.36%。

表 4.7　积分企业营业收入增长率指标值分析

| 变量名 | 样本量 | 变量单位 | 平均值 | 中位数 | 最小值 | 较小四分位数 | 较大四分位数 | 最大值 |
|---|---|---|---|---|---|---|---|---|
| 营业收入增长率 | 70 013 家 | % | 33.191 | 19.171 | −100 | −7.492 | 82.218 | 138.324 |

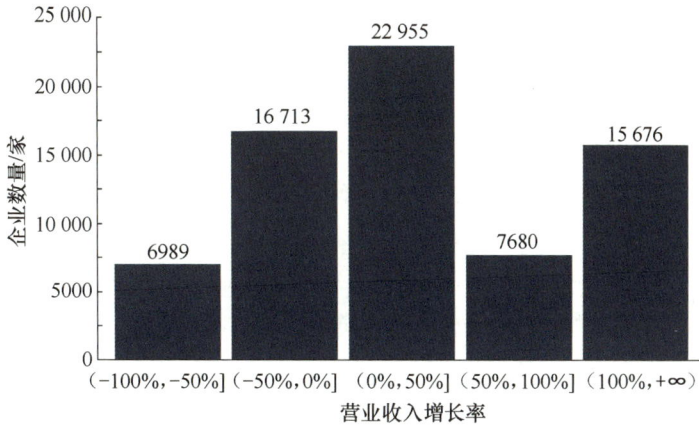

图 4.12　积分企业营业收入增长率指标值区间分布

从净利润率来看，如表 4.8 和图 4.13 所示，2021 年 70 013 家积分企业的净利润率平均值为 6.5006%，最小值为 –32.5124%，最大值为 38.4684%，净利润率小于等于 0 的积分企业有 16 870 家，占比为 24.10%。

表 4.8　积分企业净利润率指标值分析

| 变量名 | 样本量 | 变量单位 | 平均值 | 中位数 | 最小值 | 较小四分位数 | 较大四分位数 | 最大值 |
|---|---|---|---|---|---|---|---|---|
| 净利润率 | 70 013 家 | % | 6.5006 | 2.9834 | –32.5124 | 0.0003 | 14.2009 | 38.4684 |

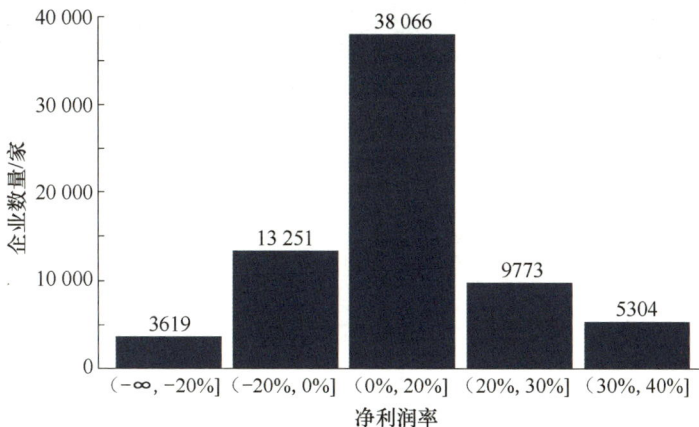

图 4.13　积分企业净利润率指标值区间分布

47

从高新技术产品与服务收入来看，如表4.9和图4.14所示，2021年70 013家积分企业中有46.3%（32 416家）的积分企业高新技术产品与服务收入为0元，积分企业高新技术产品与服务收入的平均值为883.6万元，高新技术产品与服务收入的最大值为3496.85万元。

表 4.9　积分企业高新技术产品与服务收入指标值分析

| 变量名 | 样本量 | 变量单位 | 平均值 | 中位数 | 最小值 | 较小四分位数 | 较大四分位数 | 最大值 |
|---|---|---|---|---|---|---|---|---|
| 高新技术产品与服务收入 | 70 013 家 | 万元 | 883.6 | 47.78 | 0 | 0 | 1380 | 3496.85 |

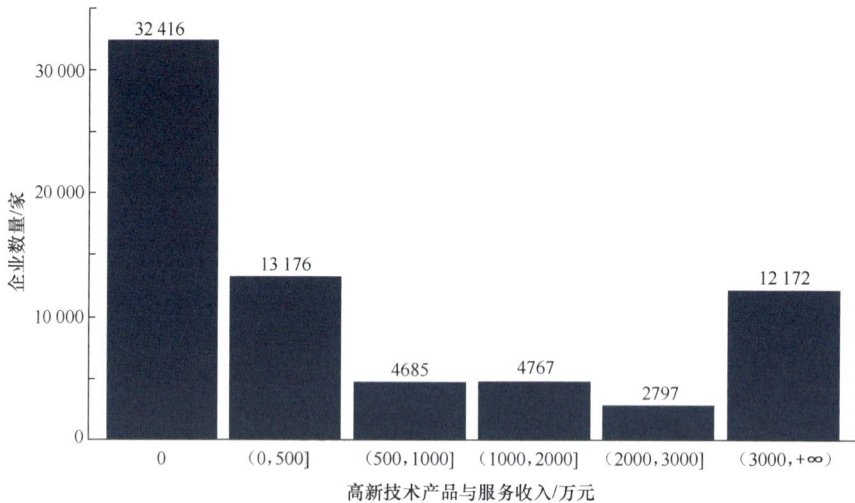

图 4.14　积分企业高新技术产品与服务收入指标值区间分布

从获得风险投资金额来看，2021年全部积分企业中未获得风险投资金额的共有68 441家，占比为97.75%；获得风险投资金额的积分企业共有1572家，占比为2.25%，获得风险投资金额的积分企业占比较低。具体分析见表4.10。

表 4.10　积分企业获得风险投资金额指标值分析

| 变量名 | 样本量 | 变量单位 | 平均值 | 中位数 | 最小值 | 较小四分位数 | 较大四分位数 | 最大值 |
|---|---|---|---|---|---|---|---|---|
| 获得风险投资金额 | 70 013 家 | 万元 | 234.2 | 0 | 0 | 0 | 0 | 1 038 050 |

　　从技术合同成交额来看，2021 年 70 013 家积分企业中技术合同成交额小于 100 万元的积分企业共有 65 843 家；技术合同成交额为 100 万元（含）至 1 亿元（不含）的积分企业共有 3795 家；技术合同成交额在 1 亿元（含）以上的头部积分企业共有 375 家。积分企业技术合同成交额指标值分析见表 4.11。

表 4.11　积分企业技术合同成交额指标值分析

| 变量名 | 样本量 | 变量单位 | 平均值 | 中位数 | 最小值 | 较小四分位数 | 较大四分位数 | 最大值 |
|---|---|---|---|---|---|---|---|---|
| 技术合同成交额 | 70 013 家 | 万元 | 211.8 | 0 | 0 | 0 | 0 | 41 000 |

　　从吸纳应届毕业生人数来看，如图 4.15 所示，2021 年 70 013 家积分企业中，企业数量随吸纳应届毕业生人数的增长呈显著的下降趋势，未吸纳应届毕业生的积分企业共有 49 981 家，占比为 71.39%；吸纳 1 ~ 5 人的积分企业共有 13 530 家，占比为 19.32%；吸纳 200 人（不含）以上的积分企业共有 151 家，占比为 0.22%。

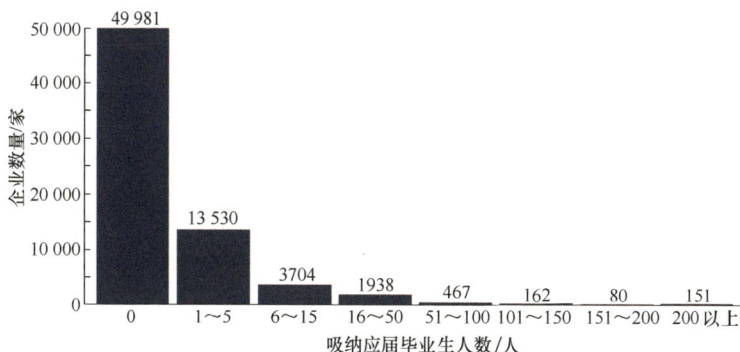

图 4.15　积分企业吸纳应届毕业生人数指标值区间分布

从研发人员占比来看，如表 4.12 和图 4.16 所示，2021 年 70 013 家积分企业中，研发人员占比平均值为 30.282%，最大值为 59.884%。其中，研发人员占比介于 40%（不含）～ 60%（含）的积分企业数量最多，共有 26 953 家。

表 4.12　积分企业研发人员占比指标值分析

| 变量名 | 样本量 | 变量单位 | 平均值 | 中位数 | 最小值 | 较小四分位数 | 较大四分位数 | 最大值 |
|---|---|---|---|---|---|---|---|---|
| 研发人员占比 | 70 013 家 | % | 30.282 | 29.947 | 0 | 1.818 | 57.133 | 59.884 |

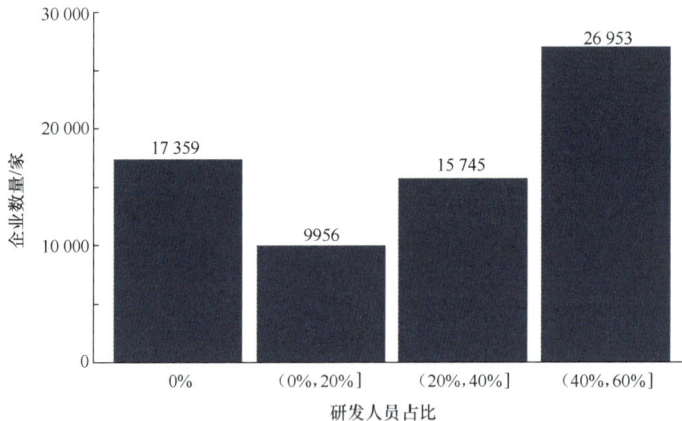

图 4.16　积分企业研发人员占比指标值区间分布

从承担建设研发或创新平台数量来看，如图 4.17 所示，70 013 家积分企业近两年承担建设省级及以上研发或创新平台 4773 项。其中，河南紫联物联网技术有限公司、郑州磨料磨具磨削研究所有限公司等承担建设省级及以上研发或创新平台数量位居前列，如表 4.13 所示。

从承担科技计划项目数量来看，70 013 家积分企业近两年承担省级及以上科技计划项目 3609 项。如表 4.14 和表 4.15 所示，中国科学院苏州生物医学工程技术研究所、郑州机械研究所有限公司等承担省级及以上科级计划项目的数量位居前列，贵州省交通规划勘察设计研究院股份有限公司、郑州鼎润科技有限公司等获省级及以上科技奖励数量位居前列。

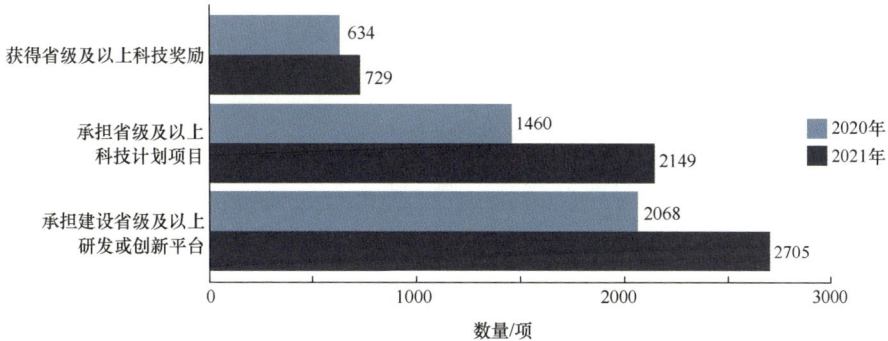

图 4.17　积分企业承担建设研发或创新平台、承担科技计划项目及获得科技奖励情况

表 4.13　承担建设省级及以上研发或创新平台数量排名前 5 的积分企业

| 序号 | 企业名称 | 承担建设省级及以上研发或创新平台数量／项 |
|---|---|---|
| 1 | 河南紫联物联网技术有限公司 | 22 |
| 2 | 郑州磨料磨具磨削研究所有限公司 | 18 |
| 3 | 天津药物研究院有限公司 | 12 |
| 4 | 中国电建集团贵阳勘测设计研究院有限公司 | 12 |
| 5 | 泰州鑫海科能新型材料有限公司 | 10 |

表 4.14　承担省级及以上科技计划项目数量排名前 5 的积分企业

| 序号 | 企业名称 | 承担省级及以上科技计划项目数量／项 |
|---|---|---|
| 1 | 中国科学院苏州生物医学工程技术研究所 | 37 |
| 2 | 郑州机械研究所有限公司 | 33 |
| 3 | 西安电子科技大学广州研究院 | 30 |
| 4 | 福建龙净环保股份有限公司 | 14 |
| 5 | 武汉智瑞捷电气技术有限公司 | 14 |

表 4.15 获得省级及以上科技奖励数量排名前 5 的积分企业

| 序号 | 企业名称 | 获得省级及以上科技奖励数量／项 |
|------|---------|----------------------------|
| 1 | 贵州省交通规划勘察设计研究院股份有限公司 | 25 |
| 2 | 郑州鼎润科技有限公司 | 23 |
| 3 | 榆林地润天和实业有限公司 | 11 |
| 4 | 江苏康缘药业股份有限公司 | 9 |
| 5 | 河南蜂云科技发展有限公司 | 8 |

## 3. "创新积分 500 企业"概况

为充分发挥企业创新积分制的政策引导作用，根据《"企业创新积分制"工作指引（1.0）》，2022 年，科技部按照《高新技术企业认定管理办法》（国科发火〔2016〕32 号），对 70 013 家积分企业的数据进行了标准量化和百分制积分排序。同时，根据各领域企业上报情况，研究制定了"创新积分 500 企业"遴选方案，如表 4.16 所示，遴选形成了 2022 年"创新积分 500 企业"名单，其中包括电子信息领域积分企业 500 家，高技术服务领域积分企业 500 家，先进制造与自动化领域积分企业 500 家，新材料、生物与新医药、资源与环境、新能源与节能、航空航天等五大领域积分企业各 100 家，合计 2000 家。"创新积分 500 企业"名单被重点推荐给与科技部建立合作机制的金融机构，并合作开展"创新积分贷"金融产品活动。各试点高新区"创新积分 500 企业"的园区分布情况如图 4.18 所示。

表 4.16 "创新积分 500 企业"遴选方案

| 序号 | 领域名称 | 各领域积分企业数量／家 | | | | "创新积分 500 企业"数量／家 | | | |
|---|---|---|---|---|---|---|---|---|---|
| | | 总数 | 初创期 | 成长期 | 稳定期 | 总数 | 初创期 | 成长期 | 稳定期 |
| 1 | 电子信息 | 22 913 | 7723 | 8600 | 6590 | 500 | 200 | 200 | 100 |
| 2 | 高技术服务 | 16 162 | 6395 | 5848 | 3919 | 500 | 200 | 200 | 100 |
| 3 | 先进制造与自动化 | 13 962 | 2114 | 4198 | 7650 | 500 | 200 | 200 | 100 |
| 4 | 新材料 | 5533 | 579 | 1355 | 3599 | 100 | 40 | 40 | 20 |
| 5 | 生物与新医药 | 3746 | 674 | 1267 | 1805 | 100 | 40 | 40 | 20 |
| 6 | 资源与环境 | 2426 | 480 | 895 | 1051 | 100 | 40 | 40 | 20 |
| 7 | 新能源与节能 | 1753 | 311 | 588 | 854 | 100 | 40 | 40 | 20 |
| 8 | 航空航天 | 415 | 86 | 187 | 142 | 100 | 40 | 40 | 20 |
| 9 | 其他 | 3103 | 642 | 851 | 1610 | 0 | 0 | 0 | 0 |
| | 合计 | 70 013 | 19 004 | 23 789 | 27 220 | 2000 | 800 | 800 | 400 |

| | 南京高新区 | 成都高新区 | 广州高新区 | 东湖高新区 | 杭州高新区 | 苏州工业园区 | 苏州高新区 | 合肥高新区 | 西安高新区 | 长沙高新区 | 青岛高新区 | 佛山高新区 | 济南高新区 | 无锡高新区 | 郑州高新区 |
|---|---|---|---|---|---|---|---|---|---|---|---|---|---|---|---|
| 合计 | 189 | 172 | 146 | 134 | 119 | 116 | 102 | 93 | 93 | 77 | 67 | 63 | 56 | 55 | 49 |
| 初创期 | 80 | 63 | 63 | 51 | 52 | 41 | 42 | 34 | 49 | 35 | 31 | 25 | 21 | 28 | 23 |
| 成长期 | 75 | 73 | 55 | 62 | 44 | 57 | 41 | 47 | 25 | 33 | 23 | 26 | 24 | 22 | 15 |
| 稳定期 | 34 | 36 | 28 | 21 | 23 | 18 | 19 | 12 | 19 | 9 | 13 | 12 | 11 | 5 | 11 |

| | 天津滨海高新区 | 惠州仲恺高新区 | 大连高新区 | 温州高新区 | 昆山高新区 | 常州高新区 | 南昌高新区 | 江阴高新区 | 保定高新区 | 泰州医药高新区 | 嘉兴秀洲高新区 | 永川高新区 | 肇庆高新区 | 贵阳高新区 | 石家庄高新区 |
|---|---|---|---|---|---|---|---|---|---|---|---|---|---|---|---|
| 合计 | 34 | 33 | 27 | 24 | 21 | 20 | 20 | 18 | 16 | 14 | 12 | 12 | 12 | 11 | 11 |
| 初创期 | 12 | 15 | 6 | 3 | 10 | 6 | 8 | 7 | 7 | 6 | 2 | 5 | 8 | 1 | 4 |
| 成长期 | 13 | 15 | 16 | 10 | 9 | 9 | 6 | 9 | 6 | 6 | 8 | 6 | 4 | 7 | 3 |
| 稳定期 | 9 | 3 | 5 | 11 | 2 | 5 | 6 | 2 | 3 | 2 | 2 | 1 | 0 | 3 | 4 |

| | 宝鸡高新区 | 镇江高新区 | 重庆高新区 | 昆明高新区 | 洛阳高新区 | 随州高新区 | 泰安高新区 | 常德高新区 | 济宁高新区 | 连云港高新区 | 龙岩高新区 | 淄博高新区 | 莱芜高新区 | 孝感高新区 | 枣庄高新区 |
|---|---|---|---|---|---|---|---|---|---|---|---|---|---|---|---|
| 合计 | 10 | 10 | 10 | 8 | 8 | 8 | 8 | 7 | 7 | 7 | 7 | 7 | 6 | 6 | 6 |
| 初创期 | 1 | 0 | 9 | 3 | 1 | 4 | 2 | 6 | 5 | 0 | 1 | 5 | 4 | 2 | 4 |
| 成长期 | 7 | 3 | 0 | 1 | 2 | 4 | 3 | 0 | 2 | 1 | 1 | 1 | 0 | 4 | 0 |
| 稳定期 | 2 | 7 | 1 | 4 | 5 | 0 | 3 | 1 | 0 | 6 | 5 | 1 | 2 | 0 | 2 |

| | 安阳高新区 | 桂林高新区 | 乐山高新区 | 马鞍山慈湖高新区 | 内江高新区 | 宁波高新区 | 平顶山高新区 | 齐齐哈尔高新区 | 威海高新区 | 烟台高新区 | 营口高新区 | 榆林高新区 | 中国宜兴环保科技工业园 | 大庆高新区 |
|---|---|---|---|---|---|---|---|---|---|---|---|---|---|---|
| 合计 | 5 | 5 | 5 | 5 | 5 | 5 | 5 | 5 | 5 | 5 | 5 | 5 | 5 | 4 |
| 初创期 | 0 | 2 | 2 | 1 | 1 | 2 | 1 | 2 | 1 | 0 | 1 | 0 | 1 | 1 |
| 成长期 | 1 | 3 | 0 | 0 | 1 | 3 | 2 | 0 | 3 | 1 | 2 | 1 | 2 | 3 |
| 稳定期 | 4 | 0 | 3 | 4 | 3 | 0 | 2 | 3 | 1 | 4 | 2 | 4 | 2 | 0 |

图 4.18　各试点高新区“创新积分 500 企业”的园区分布情况

整体来看，"创新积分 500 企业"中共有高新技术企业 1700 家，占比为 85%；科技型中小企业 936 家，占比为 46.8%。其中，电子信息领域有高新技术企业 460 家、科技型中小企业 229 家；高技术服务领域有高新技术企业 311 家、科技型中小企业 273 家；航空航天领域有高新技术企业 96 家、科技型中小企业 58 家；生物与新医药领域有高新技术企业 89 家、科技型中小企业 41 家；先进制造与自动化领域有高新技术企业 449 家、科技型中小企业 206 家；新材料领域有高新技术企业 97 家、科技型中小企业 37 家；新能源与节能领域有高新技术企业 99 家、科技型中小企业 38 家；资源与环境领域有高新技术企业 99 家、科技型中小企业 54 家。

同时，与 2021 年相比，2022 年共有 111 家积分企业持续在"创新积分 500 企业"之列。其中，电子信息领域 54 家、高技术服务领域 16 家、航空航天领域 3 家，生物与新医药领域 4 家，先进制造与自动化领域 23 家，新能源与节能领域 6 家，新材料领域 3 家，资源与环境领域 2 家。

如图 4.19 所示，"创新积分 500 企业"中，电子信息、高技术服务、先进制造与自动化领域的企业数量较多，多数企业处在初创期和成长期。

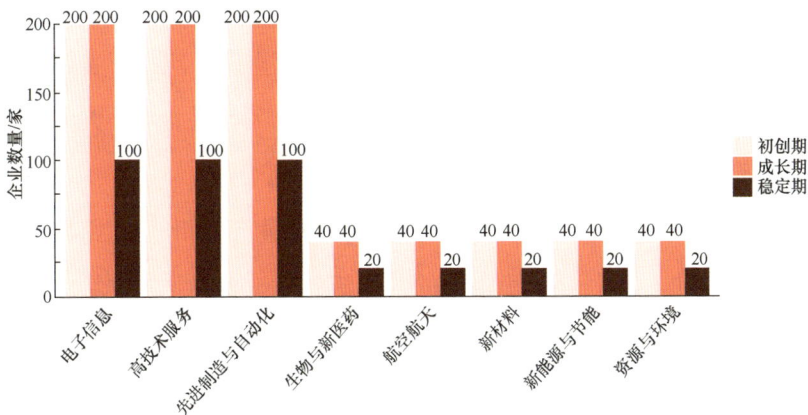

图 4.19　不同领域不同阶段"创新积分 500 企业"分布

## 第二节 区域分析："创新积分 500 企业"区域分布

### 1. "创新积分 500 企业"区域分布情况

从省域分布来看，如图 4.20 所示，"创新积分 500 企业"分布于全国 20 个省份。其中，江苏的"创新积分 500 企业"数量最多，为 557 家（初创期 221 家、成长期 234 家、稳定期 102 家）；广东 254 家（初创期 111 家、成长期 100 家、稳定期 43 家）；四川 182 家（初创期 66 家、成长期 74 家、稳定期 42 家）。

从地理区域分布来看，如图 4.21 所示，"创新积分 500 企业"主要聚集在华东地区，共 1009 家；其次为中南地区，有 558 家；西南地区 223 家；西北地区 108 家；华北地区 61 家；东北地区 41 家。（注：此处华东地区包括上海、江苏、浙江、安徽、福建、山东、江西；中南地区包括河南、湖北、湖南、广东、广西、海南；西南地区包括重庆、四川、贵州、云南、西藏；西北地区包括陕西、甘肃、青海；华北地区包括北京、天津、河北、山西、内蒙古；东北地区包括辽宁、吉林、黑龙江。）

分区域对"创新积分 500 企业"成长阶段进行分析，如图 4.22 所示，华东地区初创期、成长期、稳定期的"创新积分 500 企业"数量均为最多。其中，华东地区的初创期"创新积分 500 企业"为 397 家，占初创期"创新积分 500 企业"总数（800 家）的 49.62%；成长期"创新积分 500 企业"为 410 家，占成长期"创新积分 500 企业"总数（800 家）的 51.25%；稳定期"创新

| | 江苏 | 广东 | 四川 | 山东 | 浙江 | 湖北 | 陕西 | 安徽 | 湖南 | 河南 | 天津 | 辽宁 | 河北 | 重庆 | 江西 | 贵州 | 黑龙江 | 云南 | 福建 | 广西 |
|---|---|---|---|---|---|---|---|---|---|---|---|---|---|---|---|---|---|---|---|---|
| 合计 | 557 | 254 | 182 | 167 | 160 | 148 | 108 | 98 | 84 | 67 | 34 | 32 | 27 | 22 | 20 | 11 | 9 | 8 | 7 | 5 |
| 稳定期 | 102 | 43 | 42 | 37 | 36 | 21 | 25 | 16 | 10 | 22 | 9 | 7 | 7 | 2 | 6 | 3 | 3 | 4 | 5 | 0 |
| 成长期 | 234 | 100 | 74 | 57 | 65 | 70 | 33 | 47 | 33 | 20 | 13 | 18 | 9 | 6 | 6 | 7 | 3 | 1 | 1 | 3 |
| 初创期 | 221 | 111 | 66 | 73 | 59 | 57 | 50 | 35 | 41 | 25 | 12 | 7 | 11 | 14 | 8 | 1 | 3 | 3 | 1 | 2 |

省（自治区、直辖市）

企业数量/家

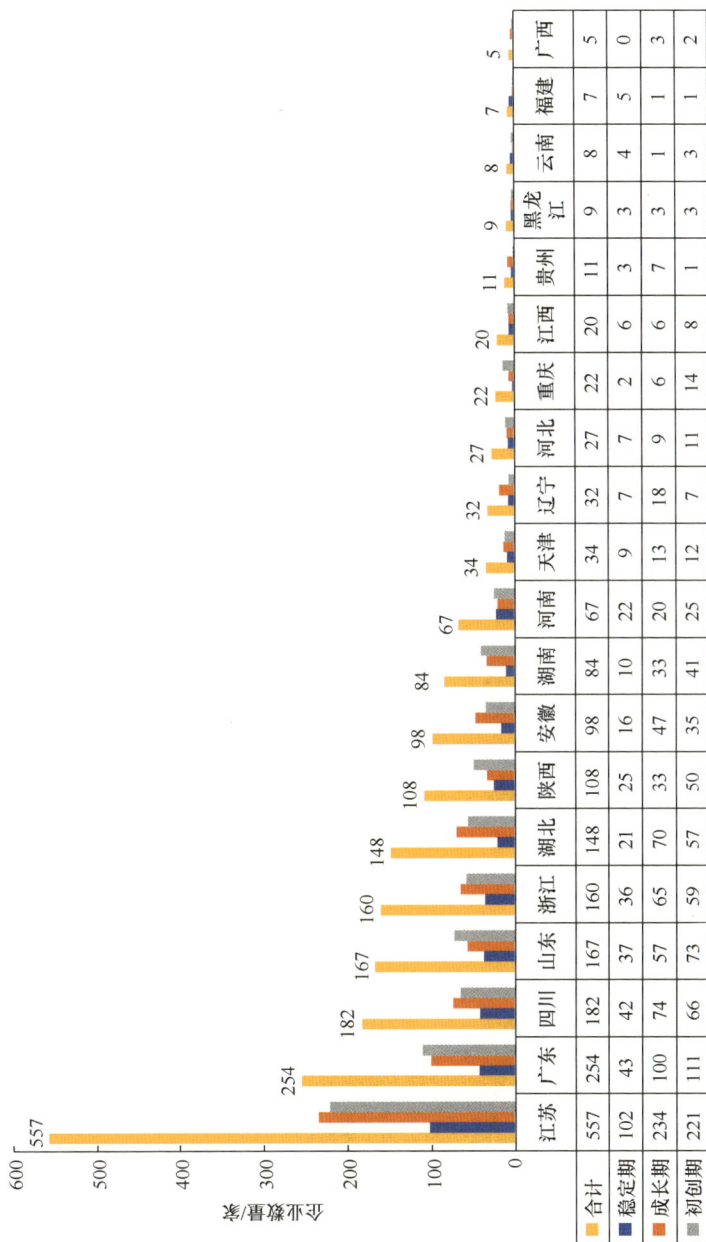

图 4.20 "创新积分 500 企业" 省域分布情况

积分 500 企业"为 202 家，占稳定期"创新积分 500 企业"总数（400 家）的 50.50%。

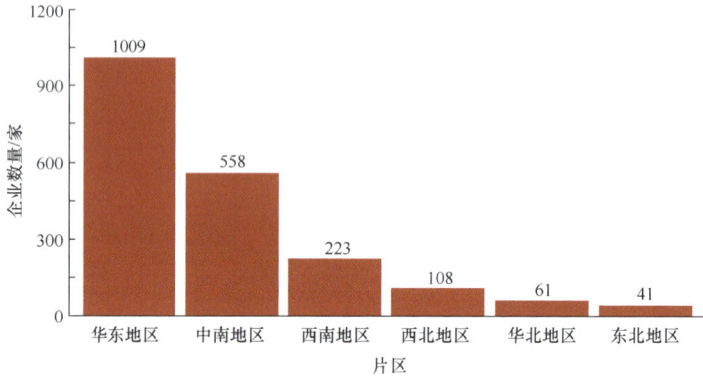

图 4.21 "创新积分 500 企业"地理区域分布

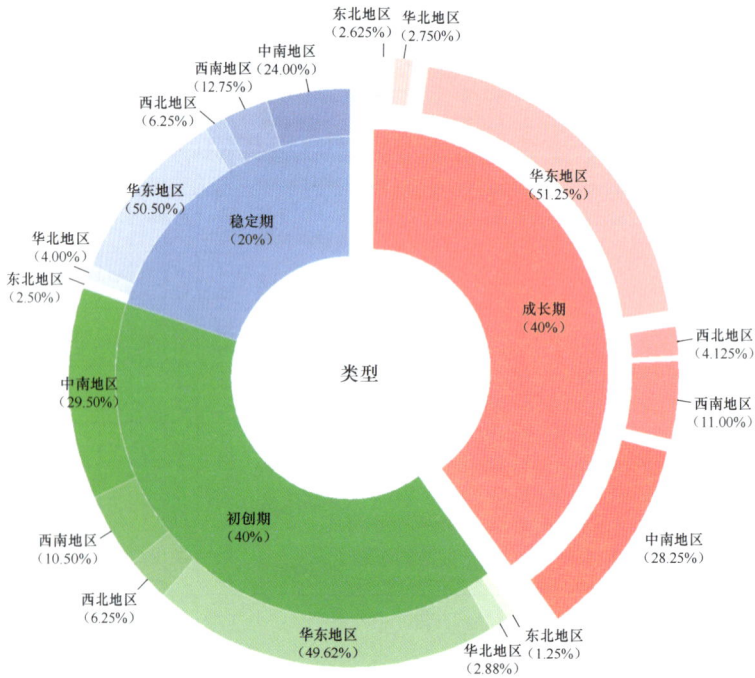

图 4.22 "创新积分 500 企业"不同成长阶段区域分布情况

分区域对"创新积分 500 企业"营业收入进行分析，如图 4.23 和图 4.24 所示，华东地区积分企业营业收入最高，达 850.44 亿元，占"创新积分 500 企业"营业收入总额的比例为 51.75%；中南地区为 449.40 亿元，占比为 27.35%；西南地区为 177.84 亿元，占比为 10.82%；西北地区为 85.57 亿元，占比为 5.21%；华北地区为 49.76 亿元，占比为 3.03%；东北地区为 30.19 亿元，占比为 1.84%。

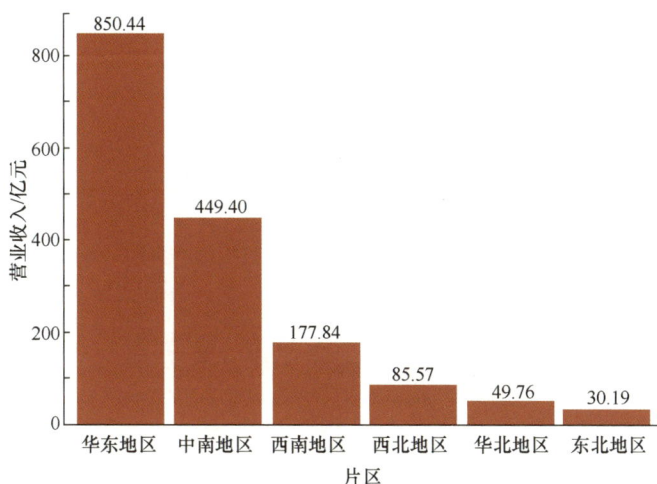

图 4.23 "创新积分 500 企业"营业收入区域分布

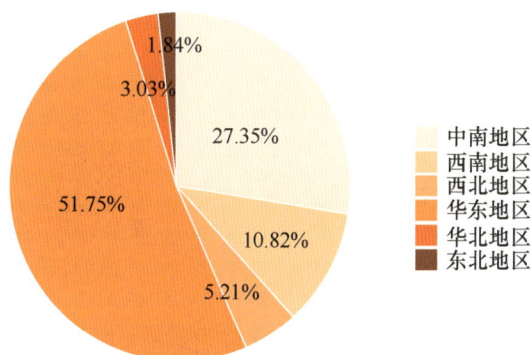

图 4.24 "创新积分 500 企业"分区域营业收入占比

分区域对"创新积分 500 企业"的技术创新情况进行分析，如图 4.25、图 4.26 和图 4.27 所示，华东地区的"创新积分 500 企业"与主营业务相关的发明专利申请量最多，占全部"创新积分 500 企业"申请总量的 44.20%，其次是中南地区，占比为 32.51%；华东地区拥有的与主营业务相关的 PCT 专利申请量同样为各区域中最多，占全部"创新积分 500 企业"申请总量的 56.97%，其次是中南地区，占比为 25.13%；华东地区为获得省级及以上科技奖励数量最多的区域，占全部"创新积分 500 企业"获得总数的 59.67%。

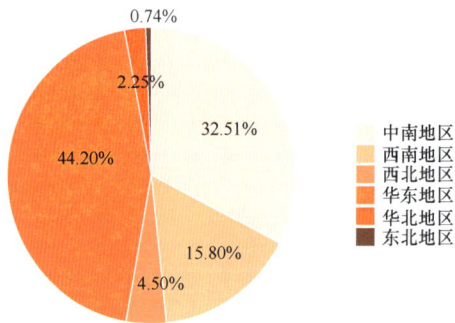

图 4.25 "创新积分 500 企业"与主营业务相关的发明专利申请量分区域占比情况

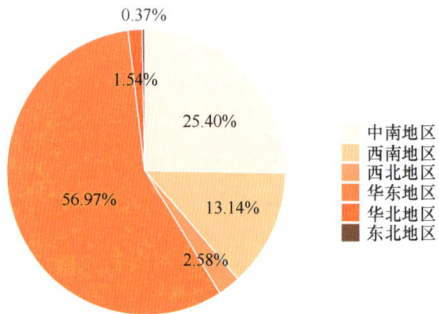

图 4.26 "创新积分 500 企业" 与主营业务相关的 PCT 专利申请量分区域占比情况

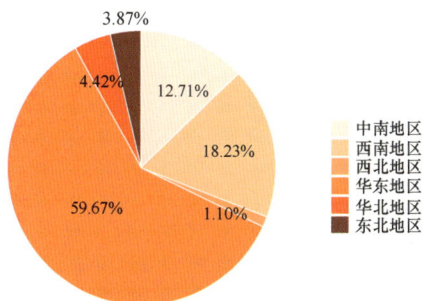

图 4.27　"创新积分 500 企业"获得省级及以上科技奖励数量分区域占比情况

　　分区域对"创新积分 500 企业"成长经营情况进行分析，如图 4.28～图 4.30 所示，西北地区"创新积分 500 企业"的平均营业收入增长率最高，达 80.05%；华东地区"创新积分 500 企业"的高新技术产品与服务收入总额最高，达 256.5 亿元；华北地区"创新积分 500 企业"的净利润率最高，为 13.33%。

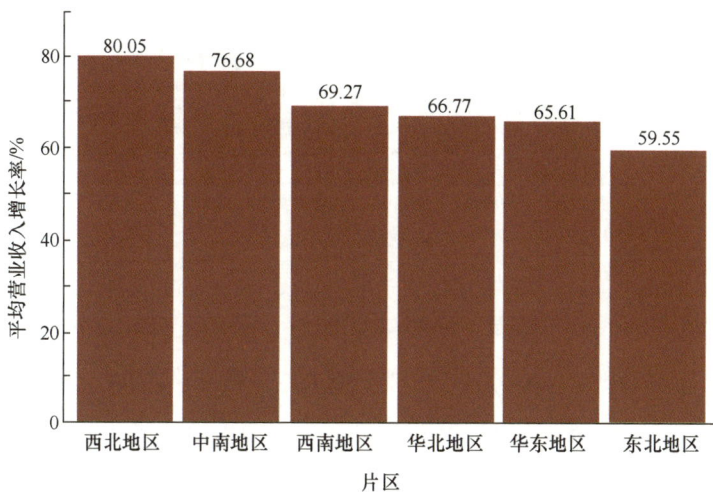

图 4.28　"创新积分 500 企业"平均营业收入增长率分区域情况

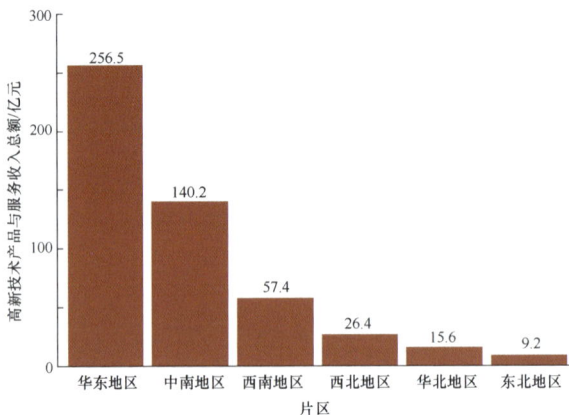

图 4.29 "创新积分 500 企业"高新技术产品与服务收入总额分区域情况

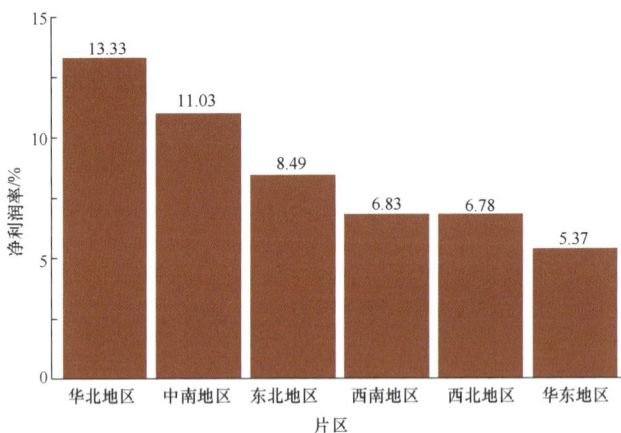

图 4.30 "创新积分 500 企业"净利润率分区域情况

从试点高新区分布来看，如图 4.31 所示，南京高新区的"创新积分 500 企业"数量最多，共 189 家；其余高新区的"创新积分 500 企业"数量分别为成都高新区 172 家、广州高新区 146 家、东湖高新区 134 家、杭州高新区 119 家、苏州工业园区 116 家、苏州高新区 102 家、合肥高新区 93 家、西安高新区 93 家、长沙高新区 77 家。前 10 名试点高新区的"创新积分 500 企业"数量合计为 1241 家，占"创新积分 500 企业"总数的比例为 62.05%。

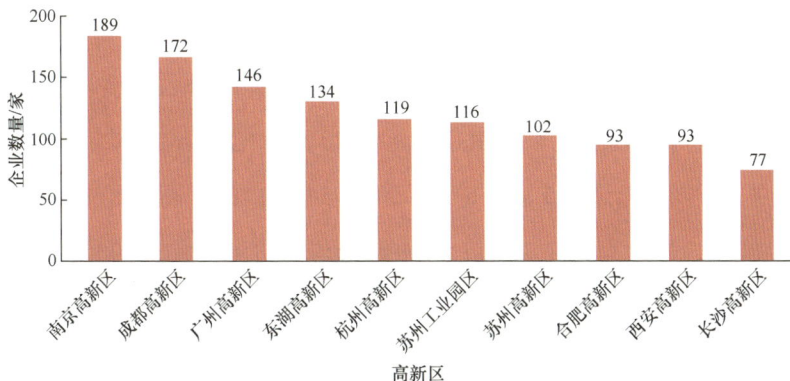

图 4.31　"创新积分 500 企业"前 10 名试点高新区的积分企业数量情况

图 4.32 给出了"创新积分 500 企业"前 10 名试点高新区中处于不同成长阶段的积分企业的数量占比情况。

图 4.32　"创新积分 500 企业"前 10 名试点高新区中处于不同成长阶段的积分企业数量占比情况

分领域对"创新积分 500 企业"的区域集聚态势进行分析，如图 4.33 所示，高技术服务领域的 500 家积分企业中，成都高新区 62 家，广州高新区 51 家，东湖高新区 49 家，南京高新区 40 家；电子信息领域的 500 家积分企业中，成都高新区 55 家，南京高新区 54 家，杭州高新区 49 家，合肥高新区 38 家，广州高新区 36 家；先进制造与自动化领域的 500 家积分企业中，苏州高新区 49 家，南京高新区 47 家，佛山高新区 32 家，广州高新区 27 家，东湖高新区 25 家；资源与环境领域的 100 家积分企业中，南京高新区 10 家，合肥高新区 9 家，郑州高新区 6 家；航空航天领域的 100 家积分企业中，成都高新区 14 家，东湖高新区 12 家，长沙高新区 11 家；生物与新医药领域的 100 家积分企业中，苏州工业园区 17 家，成都高新区 13 家，南京高新区 10 家，杭州高新区 10 家；新能源与节能领域的 100 家积分企业中，佛山高新区 13 家，苏州高新区 9 家，惠州仲恺高新区 9 家；新材料领域的 100 家积分企业中，南京高新区 10 家，广州高新区 8 家，苏州工业园区 7 家。

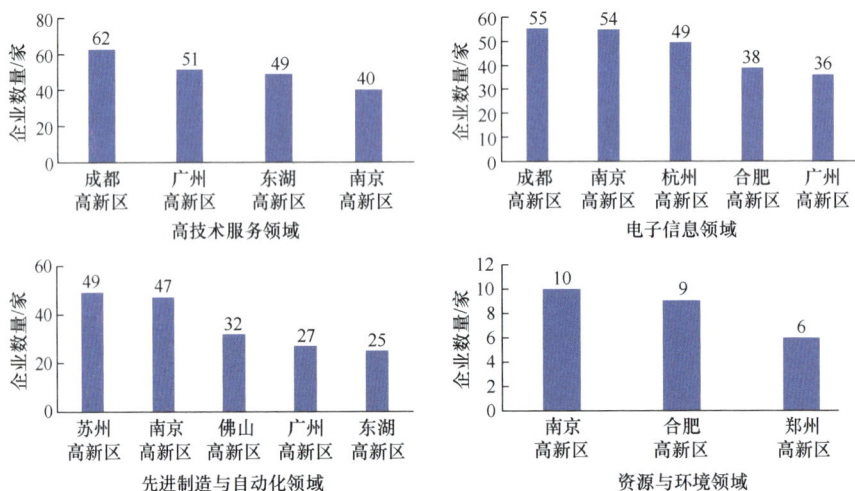

图 4.33 "创新积分 500 企业"分领域的区域集聚态势情况

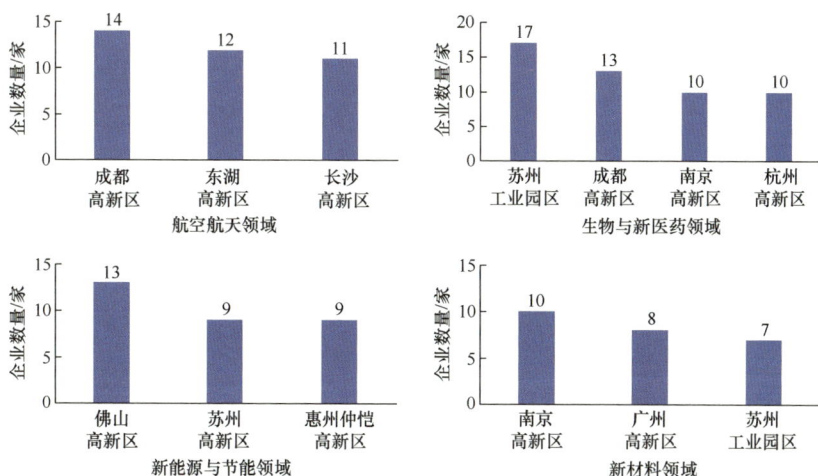

图 4.33　"创新积分 500 企业"分领域的区域集聚态势情况（续）

分领域对试点高新区"创新积分 500 企业"排名情况（各领域企业数量排名前 5 的高新区）进行统计，如图 4.34 所示。同时，结合各领域企业创新积分量化情况进行分析，在高技术服务领域，苏州工业园区的苏州艾博生物科技有限公司得分最高（98 分），其次是广州高新区的广州无线电集团有限公司（93.67 分）、成都高新区的成都拟合未来科技有限公司（91.97 分）、天津滨海高新区的中海油田服务股份有限公司（91.94 分）；在电子信息领域，杭州高新区的杭州海康威视数字技术股份有限公司得分最高（98 分），其次是西安高新区的西安紫光展锐科技有限公司（93.30分）、青岛高新区的青岛海信激光显示股份有限公司（92.65 分）、成都高新区的芯原微电子（成都）有限公司（92.28 分）；在先进制造与自动化领域，青岛高新区的中车青岛四方机车车辆股份有限公司得分最高（98分），其次是杭州高新区的杭州海康机器人技术有限公司（97.88 分）、平顶山高新区的平高集团有限公司（94.94 分）、南京高新区的国电南瑞科技股份有限公司（93.45 分）；在新材料领域，马鞍山慈湖高新区的马鞍山钢铁股份有限公司得分最高（98分），其次是郑州高新区的郑州磨料磨具磨削研究所有限公司（97.76分）、西安高新区的西安奕斯伟硅片技术有限公司（97.15分）、成都高新区的成都劳恩普斯科技有限公司（96.14分）；在新能源与节能领域，青岛高新区的青岛海信日立空调系统有限公司得分最高（98分），其次是佛山高新区的广东美的制冷设备有限公司（97.80分）、合肥高新区的阳光电源股份有限公司（97.59分）、常州高新区的常州聚和新材料股份有限公司（96.95分）；在生物与新医药领域，连云港高新区的正大天晴药业集团股份有限公司得分最高（98分），其次是成都高新区的成都先导药物开发股份有限公司（92.87分）、泰州医药高新区的扬子江药业集团有限公司（92.63分）、苏州工业园区的信达生物制药（苏州）有限

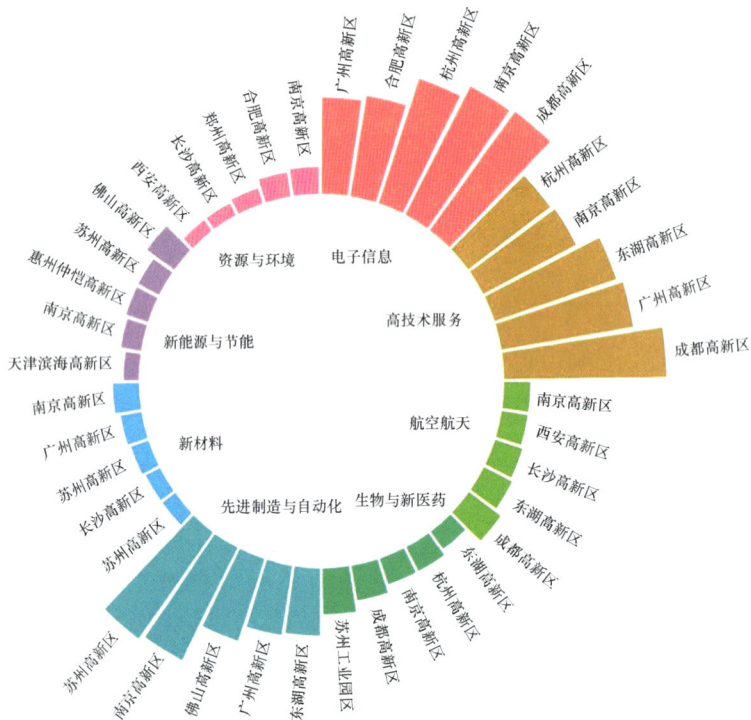

图 4.34　各领域试点高新区"创新积分 500 企业"排名情况

公司（91.60分）；在航空航天领域，西安高新区的西安空间无线电技术研究所得分最高（98分），其次是广州高新区的广州极飞科技股份有限公司（97.09分）、南京高新区的南京莱斯信息技术股份有限公司（93.81分）、成都高新区的中国航发航空科技股份有限公司（91.45分）；在资源与环境领域，成都高新区的中自环保科技股份有限公司得分得最高（98分），其次是龙岩高新区的福建龙净环保股份有限公司（97.67分）、大连高新区的中冶焦耐（大连）工程技术有限公司（97.67分）、佛山高新区的广东邦普循环科技有限公司（96.07分）。

## 2."创新积分500企业"核心指标数据分析

企业创新积分核心指标遵循系统性与独立性相协调、总量指标与相对指标相平衡、导向性与可扩展性相结合的原则，共涵盖3类一级指标和18项二级指标。下面进一步对"创新积分500企业"核心指标数据进行分析。

从营业收入来看，如表4.17所示，2021年"创新积分500企业"的营业收入平均值为8218万元，同比增长46.69%，较2020年有大幅提升；营业收入的中位数为12 228万元，同比增长74.73%。从2022年上报的积分数据分析来看，如图4.35所示，2021年头部积分企业的营业收入主要集中于10 000万元（不含）～12 500万元（含），而2020年主要集中于7500万元（不含）～10 000万元（含）。

表4.17　2021年和2020年"创新积分500企业"营业收入指标值分析

| 变量名 | 样本量 | 变量单位 | 平均值 | 中位数 | 最小值 | 较小四分位数 | 较大四分位数 | 最大值 |
|---|---|---|---|---|---|---|---|---|
| 2021年营业收入 | 2000家 | 万元 | 8218 | 12 228 | 0 | 3007 | 12 228 | – |
| 2020年营业收入 | 2000家 | 万元 | 5602.3 | 6998.1 | 0 | 665.6 | 9732.5 | – |

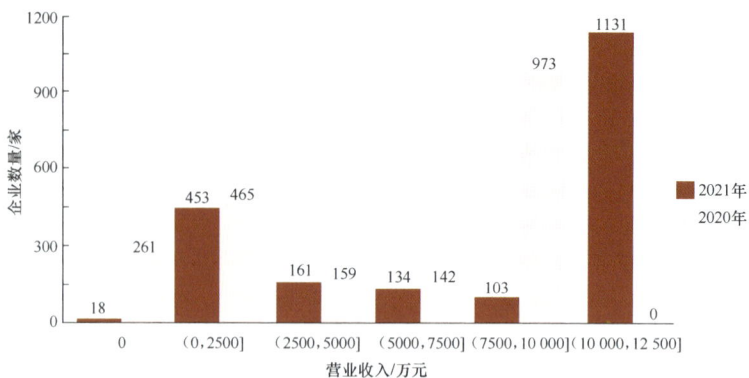

图 4.35　2021 年和 2020 年"创新积分 500 企业"营业收入指标值区间分布

从人员规模来看，如表 4.18 和图 4.36 所示，2021 年"创新积分 500 企业"的从业人员期末数平均值为 616.9 人；从业人员期末数为 200 人（含）以上的积分企业总数为 778 家；从业人员期末数为 100～199 人的积分企业数量为 393 家；从业人员期末数为 50 人（不含）以下的积分企业共 479 家。

表 4.18　"创新积分 500 企业"从业人员期末数指标值分析

| 变量名 | 样本量 | 变量单位 | 平均值 | 中位数 | 最小值 | 较小四分位数 | 较大四分位数 | 最大值 |
|---|---|---|---|---|---|---|---|---|
| 从业人员期末数 | 2000 家 | 人 | 616.9 | 133 | 0 | 51.8 | 368.5 | 62 319 |

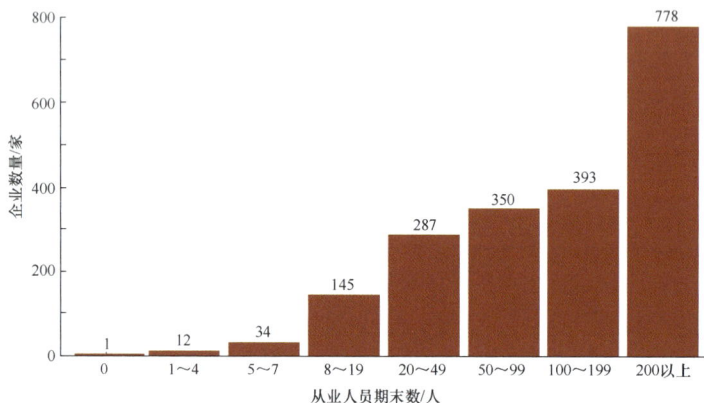

图 4.36　"创新积分 500 企业"从业人员期末数指标值区间分布

从拥有研究生学历的人员占比来看，如表 4.19 和图 4.37 所示，"创新积分 500 企业"拥有研究生学历的人员占比的平均值为 11.40%；共有 237 家积分企业无研究生学历人员；研究生学历人员占比在 15%（不含）以上的积分企业共有 934 家。积分企业研究生学历人员占比平均值情况如图 4.38 所示。

表 4.19　"创新积分 500 企业"研究生学历人员占比指标值分析

| 变量名 | 样本量 | 变量单位 | 平均值 | 中位数 | 最小值 | 较小四分位数 | 较大四分位数 | 最大值 |
|---|---|---|---|---|---|---|---|---|
| 研究生学历人员占比 | 2000 家 | % | 11.40 | 13.03 | 0 | 3.15 | 19.220 | － |

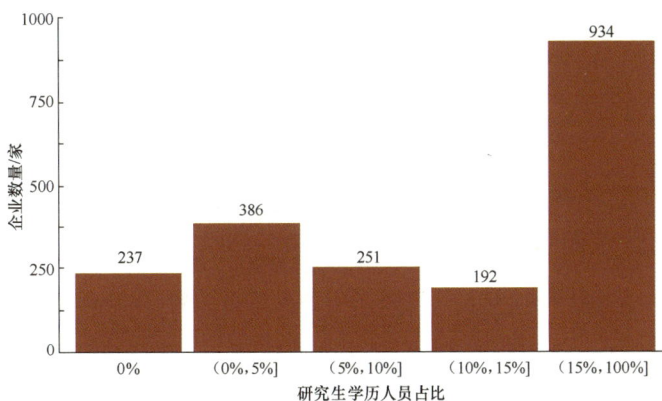

图 4.37　"创新积分 500 企业"研究生学历人员占比指标值区间分布

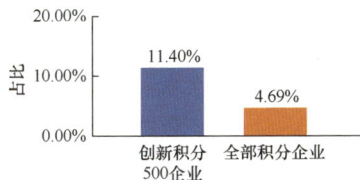

图 4.38　积分企业研究生学历人员占比平均值

从研发费用来看，2021 年"创新积分 500 企业"研发费用总额为 158.126 亿元，如表 4.20、图 4.39、图 4.40 和图 4.41 所示，2021 年"创新积分 500 企业"研发费用平均值为 790.6 万元；"创新积分 500 企业"中有 89.8% 的积分企业研发费用在 400 万元（不含）以上；"创新积分 500 企业"研发费用平均值增速为 58.76%。

表 4.20　2021 年和 2020 年"创新积分 500 企业"研发费用指标值分析

| 变量名 | 样本量 | 变量单位 | 平均值 | 中位数 | 最小值 | 较小四分位数 | 较大四分位数 | 最大值 |
|---|---|---|---|---|---|---|---|---|
| 2021 年研发费用 | 2000 家 | 万元 | 790.6 | 897.9 | 0 | 887 | 897.9 | – |
| 2020 年研发费用 | 2000 家 | 万元 | 559 | 759.3 | 0 | 343.9 | 759.3 | – |

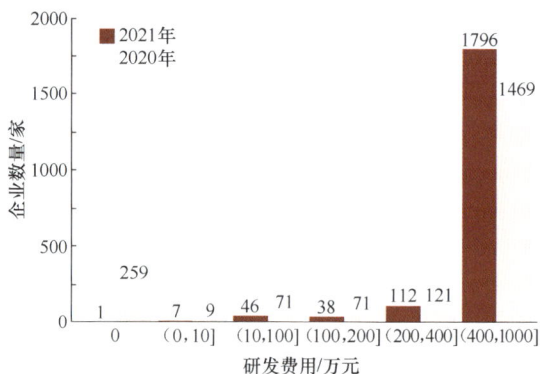

图 4.39　2021 年和 2020 年"创新积分 500 企业"研发费用指标值区间分布

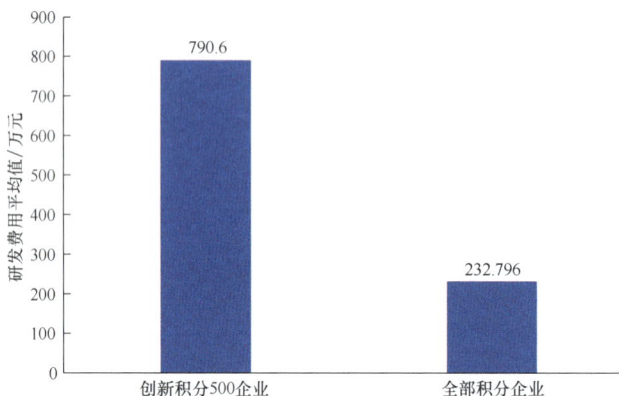

图 4.40　积分企业研发费用平均值

70

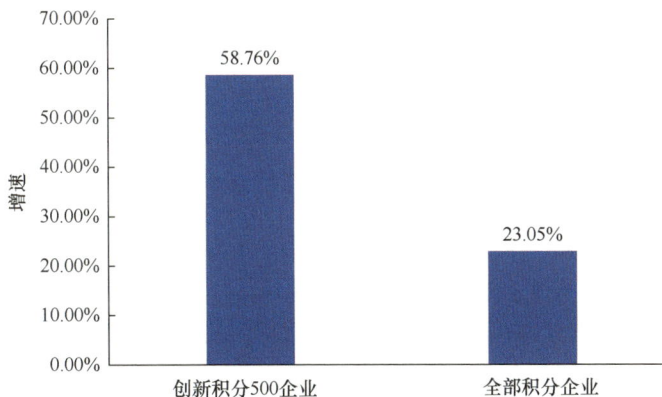

图 4.41　积分企业研发费用平均值增速

从研发费用占营业收入的比例来看，如表 4.21 所示，2021 年"创新积分 500 企业"的研发费用占营业收入的比例的平均值为 24.783%，大于全部积分企业（15.679%）。"创新积分 500 企业"研发费用占营业收入的比例指标值区间分布情况如图 4.42 所示。

表 4.21　"创新积分 500 企业"研发费用占营业收入的比例指标值分析

| 变量名 | 样本量 | 变量单位 | 平均值 | 中位数 | 最小值 | 较小四分位数 | 较大四分位数 | 最大值 |
|---|---|---|---|---|---|---|---|---|
| 研发费用占营业收入的比例 | 2000 家 | % | 24.783 | 15.079 | 0 | 5.703 | 48.052 | 58.623 |

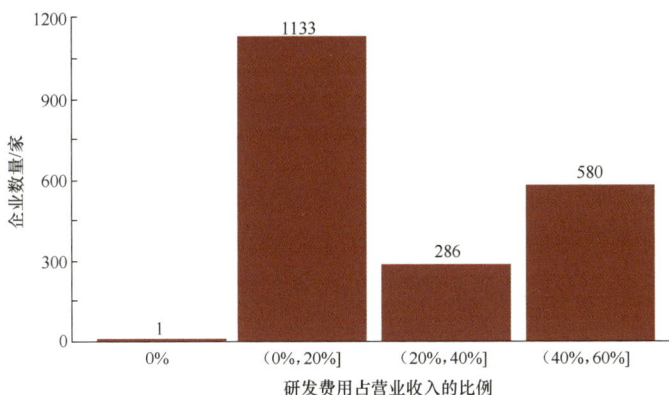

图 4.42　"创新积分 500 企业"研发费用占营业收入的比例指标值区间分布

从研发费用增速来看，如表 4.22 和图 4.43 所示，2021 年"创新积分 500 企业"的研发费用增速平均值为 58.76%，其中有 750 家"创新积分 500 企业"研发费用增速超过 100%。同时，也有 13.70% 的"创新积分 500 企业"研发费用增速小于等于 0%，这部分积分企业共计 274 家。

表 4.22 "创新积分 500 企业"研发费用增速指标值分析

| 变量名 | 样本量 | 变量单位 | 平均值 | 中位数 | 最小值 | 较小四分位数 | 较大四分位数 | 最大值 |
|---|---|---|---|---|---|---|---|---|
| 研发费用增速 | 2000 家 | % | 58.76 | 60.49 | −100 | 17.51 | 112.79 | − |

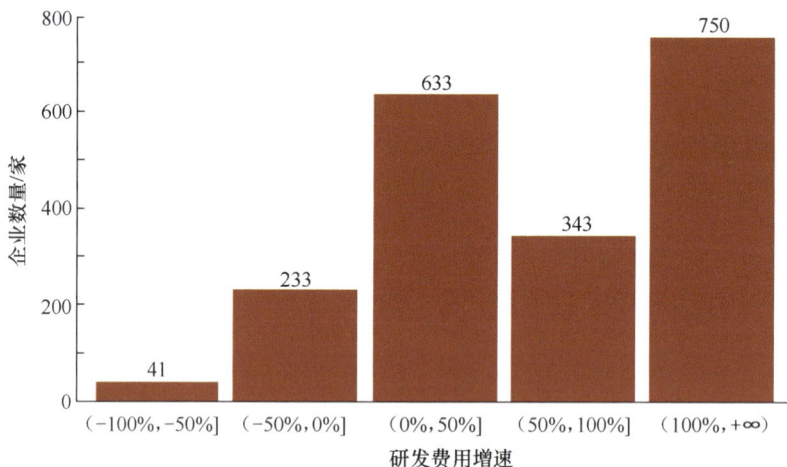

图 4.43 "创新积分 500 企业"研发费用增速指标值区间分布

从发明专利申请量来看，2021 年"创新积分 500 企业"共申请与主营业务相关的发明专利 50 178 件，如表 4.23 和图 4.44 所示，平均每家积分企业申请与主营业务相关的发明专利 25.09 件，共有 631 家积分企业的发明专利申请量超过了 20 件。

表 4.23 "创新积分 500 企业"与主营业务相关的发明专利申请量指标值分析

| 变量名 | 样本量 | 变量单位 | 平均值 | 中位数 | 最小值 | 较小四分位数 | 较大四分位数 | 最大值 |
|---|---|---|---|---|---|---|---|---|
| 与主营业务相关的发明专利申请量 | 2000 家 | 件 | 25.09 | 8 | 0 | 1 | 31 | 118 |

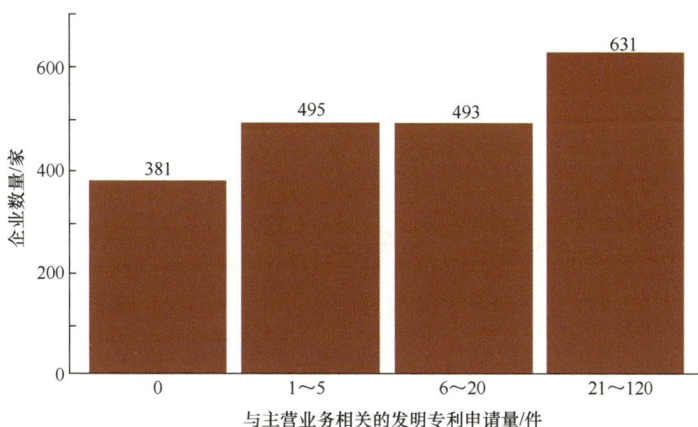

图 4.44 "创新积分 500 企业"与主营业务相关的发明专利申请量指标值区间分布

从 PCT 专利申请量来看，2021 年"创新积分 500 企业"共申请与主营业务相关的 PCT 专利 2670 件，如表 4.24、图 4.45 和图 4.46 所示，平均每家积分企业申请与主营业务相关的 PCT 专利 1.335 件，有与主营业务相关的 PCT 专利申请的积分企业数量为 397 家，占"创新积分 500 企业"总数的比例为 19.85%。

表 4.24 "创新积分 500 企业"与主营业务相关的 PCT 专利申请量指标值分析

| 变量名 | 样本量 | 变量单位 | 平均值 | 中位数 | 最小值 | 较小四分位数 | 较大四分位数 | 最大值 |
|---|---|---|---|---|---|---|---|---|
| 与主营业务相关的 PCT 专利申请量 | 2000 家 | 件 | 1.335 | 0 | 0 | 0 | 0 | 18 |

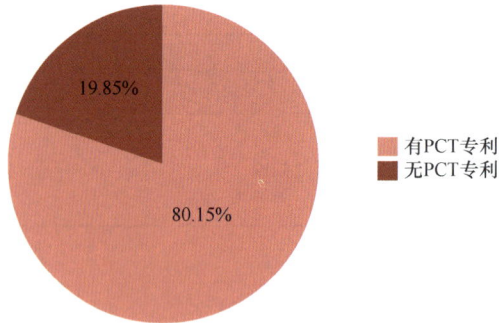

图 4.45 "创新积分 500 企业"中有（无）与主营业务相关的 PCT 专利申请的企业数量占比情况

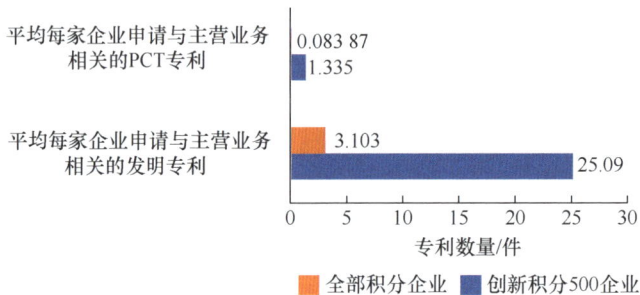

图 4.46 积分企业发明专利及 PCT 专利申请量情况

从营业收入增长率来看，如表 4.25 和图 4.47 所示，2021 年"创新积分 500 企业"的营业收入增长率平均值为 69.79%，有 55.20% 的"创新积分 500 企业"的营业收入增长率超过 50%，实现了快速增长；同时，也有 12.55% 的"创新积分 500 企业"营业收入增长率小于等于 0%，这部分积分企业共计 251 家。

表 4.25 "创新积分 500 企业"营业收入增长率指标值分析

| 变量名 | 样本量 | 变量单位 | 平均值 | 中位数 | 最小值 | 较小四分位数 | 较大四分位数 | 最大值 |
|---|---|---|---|---|---|---|---|---|
| 营业收入增长率 | 2000 家 | % | 69.79 | 61.41 | −100.00 | 18.52 | 138.32 | − |

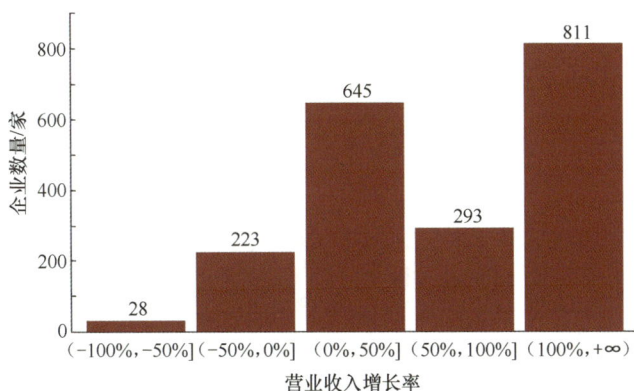

图 4.47 "创新积分 500 企业"营业收入增长率指标值区间分布

从净利润率来看，如表 4.26 和图 4.48 所示，2021 年"创新积分 500 企业"的净利润率平均值为 7.50%，最大值为 38.47%，1216 家"创新积分 500 企业"的净利润率为 0%（不含）～ 20%（含）。

表 4.26 "创新积分 500 企业"净利润率指标值分析

| 变量名 | 样本量 | 变量单位 | 平均值 | 中位数 | 最小值 | 较小四分位数 | 较大四分位数 | 最大值 |
|--------|--------|----------|--------|--------|--------|--------------|--------------|--------|
| 净利润率 | 2000 家 | % | 7.50 | 4.35 | −32.51 | 0.51 | 14.22 | 38.47 |

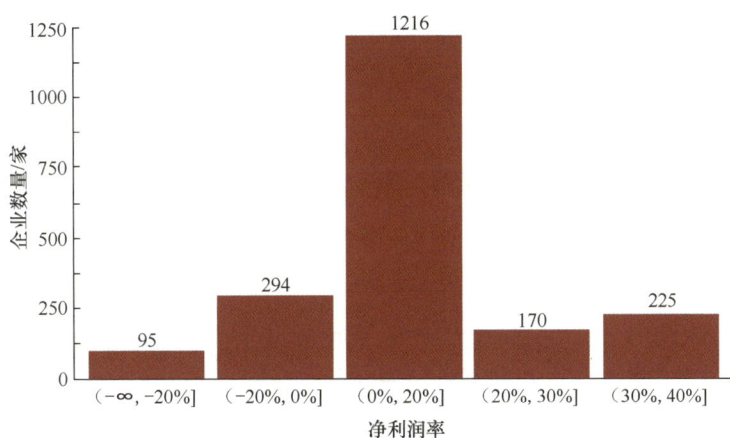

图 4.48 "创新积分 500 企业"净利润率指标值区间分布

从高新技术产品与服务收入来看，如表 4.27 和图 4.49 所示，"创新积分500 企业"的高新技术产品与服务收入平均值为 2526 万元，共有 1316 家"创新积分 500 企业"的高新技术产品与服务收入在 3000 万元（不含）以上。

表 4.27 "创新积分 500 企业"高新技术产品与服务收入指标值分析

| 变量名 | 样本量 | 变量单位 | 平均值 | 中位数 | 最小值 | 较小四分位数 | 较大四分位数 | 最大值 |
|---|---|---|---|---|---|---|---|---|
| 高新技术产品与服务收入 | 2000 家 | 万元 | 2526 | 3497 | 0 | 1055 | 3497 | – |

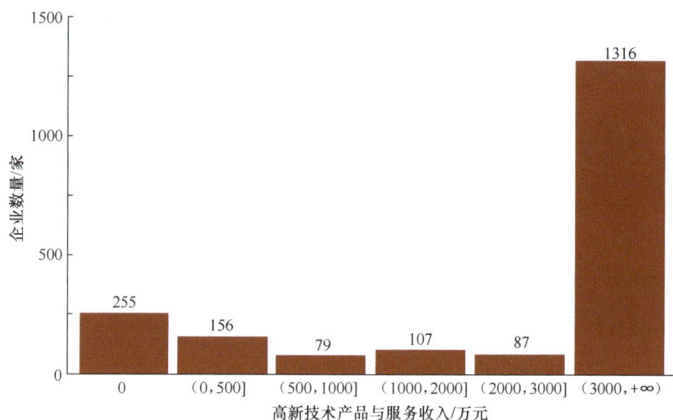

图 4.49 "创新积分 500 企业"高新技术产品与服务收入指标值区间分布

从获得风险投资金额来看，2021 年"创新积分 500 企业"中有 266 家企业共获得风险投资金额 764.75 亿元。如表 4.28 和图 4.50 所示，获得风险投资金额超过亿元的积分企业共有 114 家，"创新积分 500 企业"获得风险投资金额平均值为 3824 万元，最大值为 1 038 050 万元。

表 4.28 "创新积分 500 企业"获得风险投资金额指标值分析

| 变量名 | 样本量 | 变量单位 | 平均值 | 中位数 | 最小值 | 较小四分位数 | 较大四分位数 | 最大值 |
|---|---|---|---|---|---|---|---|---|
| 获得风险投资金额 | 2000 家 | 万元 | 3824 | 0 | 0 | 0 | 0 | 1 038 050 |

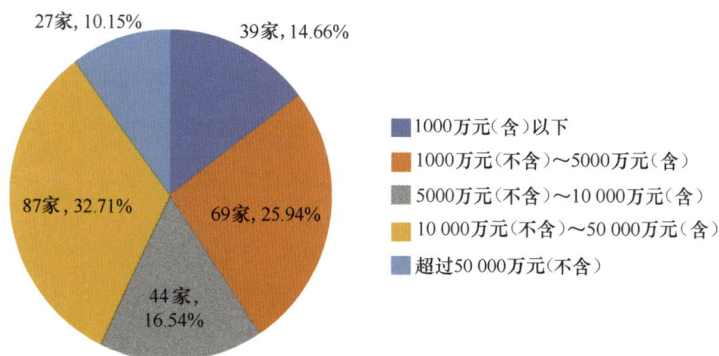

图 4.50 "创新积分 500 企业"（不包含未获得风险投资金额的企业）获得风险投资金额分布情况

从技术合同成交额来看，如表 4.29 所示，2021 年"创新积分 500 企业"技术合同成交额平均值为 2334.5 万元。其中，共有 597 家积分企业产生了技术合同成交额，合计 466.90 亿元。其中，技术合同成交额在 1 亿元（含）以上的积分企业共有 128 家。"创新积分 500 企业"的人均技术合同成交额为 3.78 万元（见图 4.51）。

表 4.29 "创新积分 500 企业"技术合同成交额指标值分析

| 变量名 | 样本量 | 变量单位 | 平均值 | 中位数 | 最小值 | 较小四分位数 | 较大四分位数 | 最大值 |
|---|---|---|---|---|---|---|---|---|
| 技术合同成交额 | 2000 家 | 万元 | 2334.5 | 0 | 0 | 0 | 135.7 | 41 000 |

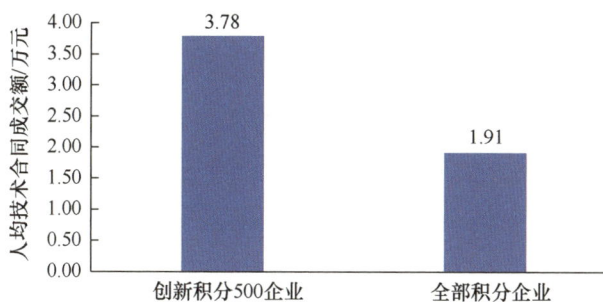

图 4.51 积分企业人均技术合同成交额情况

77

从吸纳应届毕业生情况来看，2021年"创新积分500企业"中共有1644家积分企业吸纳了应届毕业生。如图4.52所示，有617家积分企业吸纳应届毕业生1～5人，有468家积分企业吸纳应届毕业生6～15人，吸纳应届毕业生人数在200人（不含）以上的积分企业共有61家。如图4.53所示，"创新积分500企业"吸纳应届毕业生人数平均值为32.44人（约为全部积分企业平均值的8.4倍）。

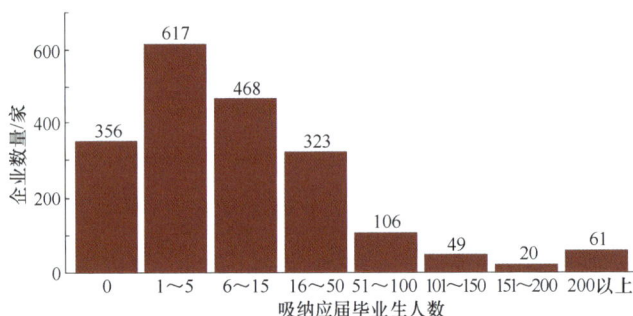

图4.52 "创新积分500企业"吸纳应届毕业生人数指标值区间分布

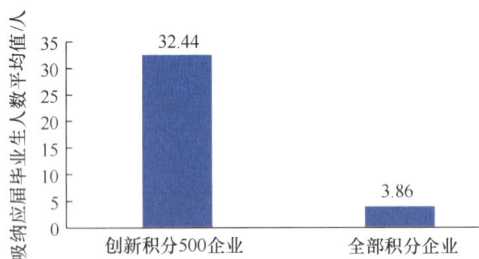

图4.53 积分企业吸纳应届毕业生人数平均值

从研发人员占比来看，2021年"创新积分500企业"的研发人员总数为446 123人，如表4.30、图4.54和图4.55所示，研发人员占比平均值为44.81%（高于全部积分企业平均值30.282%），有1274家"创新积分500企业"研发人员占比为40%（不含）～60%（含）。

表 4.30　"创新积分 500 企业"研发人员占比指标值分析

| 变量名 | 样本量 | 变量单位 | 平均值 | 中位数 | 最小值 | 较小四分位数 | 较大四分位数 | 最大值 |
|---|---|---|---|---|---|---|---|---|
| 研发人员占比 | 2000 家 | % | 44.81 | 55.26 | 0 | 29.38 | – | 59.884 |

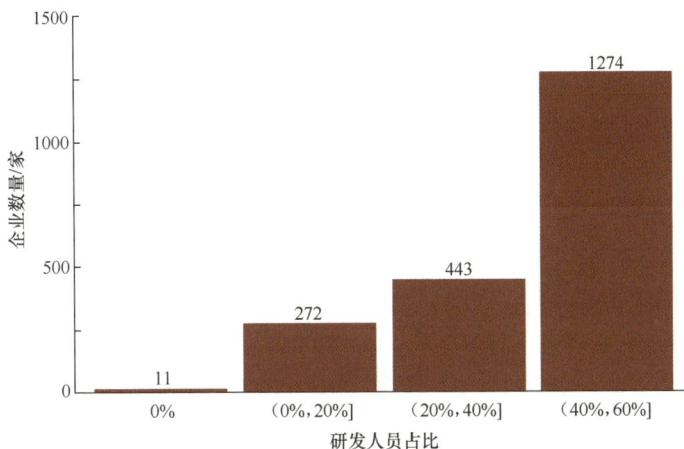

图 4.54　"创新积分 500 企业"研发人员占比指标值区间分布

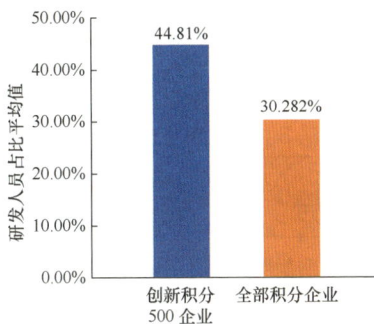

图 4.55　积分企业研发人员占比平均值

从承担建设研发或创新平台数量来看，如图 4.56 所示，"创新积分 500 企业"2021 年承担建设省级及以上研发或创新平台 515 家。其中，如表 4.31 所示，郑州磨料磨具磨削研究所有限公司、中国电建集团贵阳勘测设计研究院有限公司等承担建设省级及以上研发或创新平台数量位居前列。

从承担科技计划项目数量来看，"创新积分500企业" 2021 年共承担省级及以上科技计划项目 616 项。如表 4.32 和表 4.33 所示，中国科学院苏州生物医学工程技术研究所、郑州机械研究所有限公司等承担的省级及以上科技计划项目数量位居前列，贵州省交通规划勘察设计研究院股份有限公司、江苏康缘药业股份有限公司等获省级及以上科技奖励的数量位居前列。

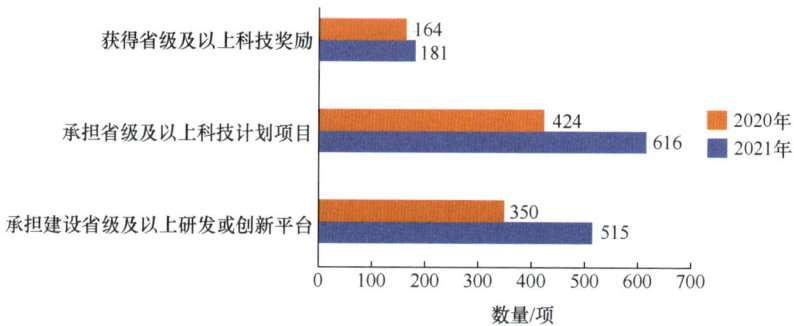

图 4.56 "创新积分 500 企业" 承担建设研发或创新平台、承担科技计划项目及获得科技奖励情况

表 4.31 承担建设省级及以上研发或创新平台数量
排名前 5 的"创新积分 500 企业"

| 序号 | 企业名称 | 承担建设省级及以上研发或创新平台数量／项 |
| --- | --- | --- |
| 1 | 郑州磨料磨具磨削研究所有限公司 | 18 |
| 2 | 中国电建集团贵阳勘测设计研究院有限公司 | 12 |
| 3 | 重庆红江机械有限责任公司 | 7 |
| 4 | 扬子江药业集团有限公司 | 7 |
| 5 | 中自环保科技股份有限公司 | 5 |

表 4.32　承担省级及以上科技计划项目数量排名前 5 的"创新积分 500 企业"

| 序号 | 企业名称 | 承担省级及以上科技计划项目数量／项 |
|------|----------|------------------------------------|
| 1 | 中国科学院苏州生物医学工程技术研究所 | 37 |
| 2 | 郑州机械研究所有限公司 | 33 |
| 3 | 西安电子科技大学广州研究院 | 30 |
| 4 | 福建龙净环保股份有限公司 | 14 |
| 5 | 武汉飞思灵微电子技术有限公司 | 10 |

表 4.33　获得省级及以上科技奖励数量排名前 5 的"创新积分 500 企业"

| 序号 | 企业名称 | 获得省级及以上科技奖励数量／项 |
|------|----------|--------------------------------|
| 1 | 贵州省交通规划勘察设计研究院股份有限公司 | 25 |
| 2 | 江苏康缘药业股份有限公司 | 9 |
| 3 | 马鞍山钢铁股份有限公司 | 8 |
| 4 | 正大天晴药业集团股份有限公司 | 6 |
| 5 | 中车青岛四方机车车辆股份有限公司 | 5 |

# 第三节　技术领域分析："创新积分 500 企业"行业赛道分析

本节将基于电子信息、高技术服务、先进制造与自动化、生物与新医药、航空航天、新材料、新能源与节能、资源与环境等国家重点支持的高新技术八大领域，对"创新积分 500 企业"分领域进行技术分析，图 4.57 所示为电子信息领域"创新积分 500 企业"不同成长阶段分布情况，其他领域情况详见附录 A。

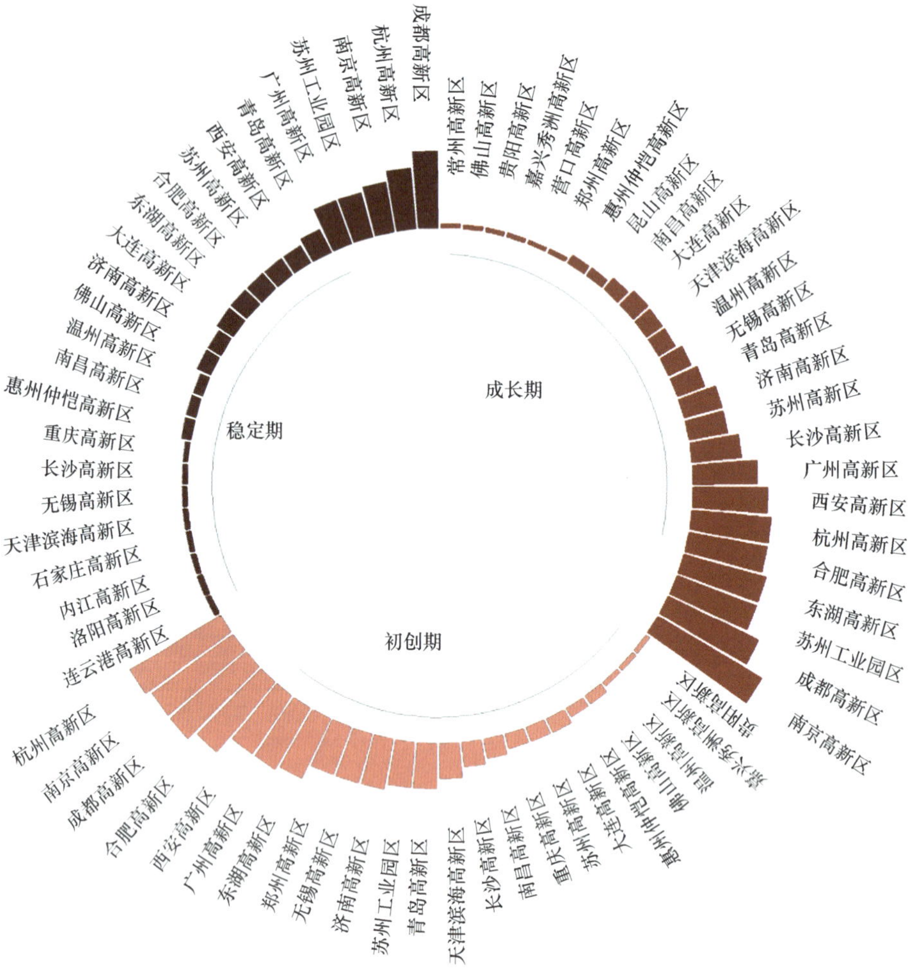

图 4.57　电子信息领域"创新积分 500 企业"不同成长阶段分布情况

从初创期来看，如图 4.58 所示，拥有电子信息领域"创新积分 500 企业"最多的是杭州高新区，共 21 家；其次是成都高新区和南京高新区，均为 20 家。

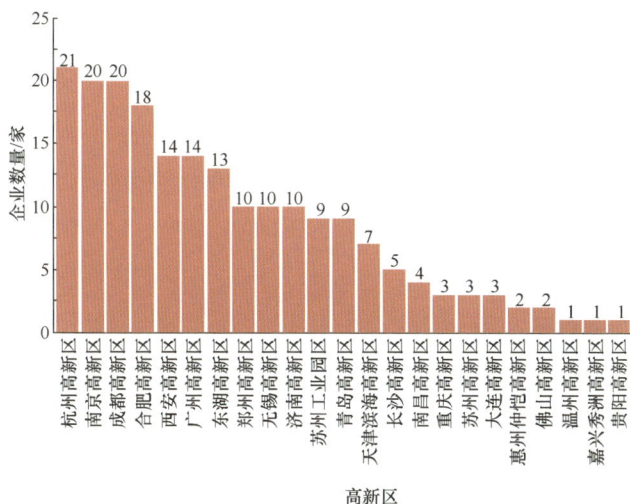

图 4.58 电子信息领域"创新积分 500 企业"初创期分布情况

从成长期来看，如图 4.59 所示，拥有电子信息领域"创新积分 500 企业"最多的是南京高新区，共 24 家；其次是成都高新区，共 20 家；再次是苏州工业园区和东湖高新区，均为 17 家。

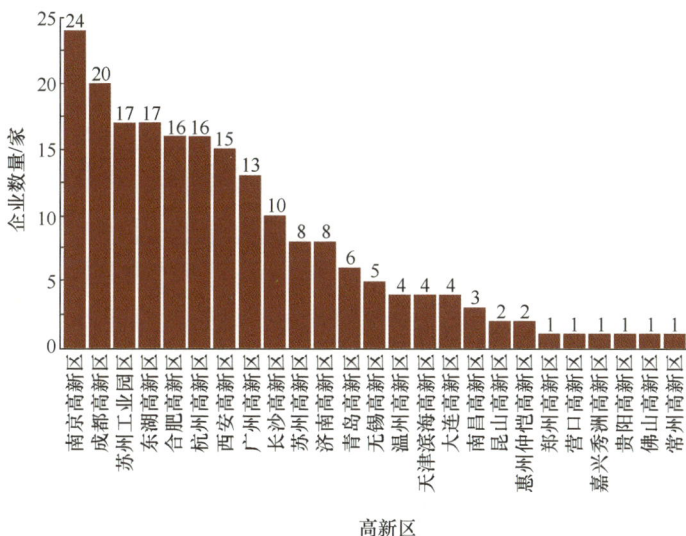

图 4.59 电子信息领域"创新积分 500 企业"成长期分布情况

从稳定期来看，如图 4.60 所示，拥有电子信息领域"创新积分 500 企业"最多的是成都高新区，共 15 家；其次是杭州高新区，共 12 家；排名第三的是南京高新区，共 10 家。

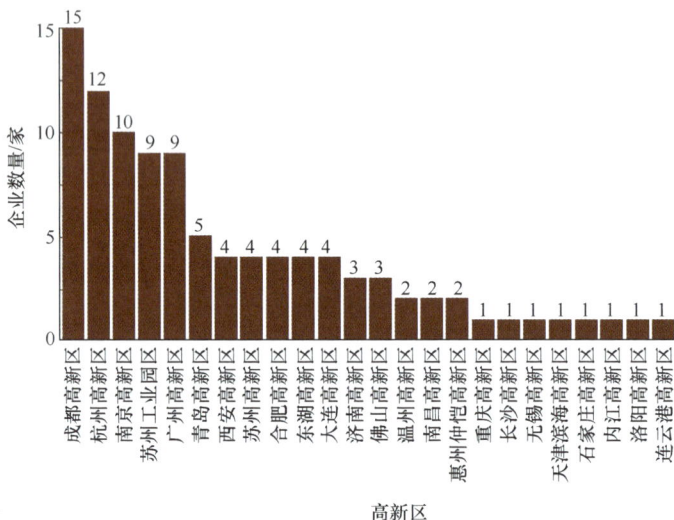

图 4.60　电子信息领域"创新积分 500 企业"稳定期分布情况

## 第四节　发明专利分析："创新积分 500 企业"创新活动分析

本节将继续按照八大领域对"创新积分 500 企业"分领域进行发明专利分析，以下以电子信息领域"创新积分 500 企业"发明专利申请情况为例说明，其他领域情况详见附录 B。（数据来源：各领域"创新积分 500 企业"于 2021 年向中国国家知识产权局申请已公开的发明专利数据，检索日期为

2023 年 5 月 23 日。）

从电子信息领域"创新积分 500 企业"的发明专利布局来看，该领域 2021 年新申请且已公开的发明专利为 25 173 件。其中，如图 4.61 所示，浙江大华技术股份有限公司（1547 件）、成都京东方光电科技有限公司（1187 件）、武汉华星光电半导体显示技术有限公司（937 件）等积分企业申请的专利数量位居前列。该领域申请的发明专利主要分布在山东（4507 件）、浙江（4094 件）和广东（3219 件）。对发明专利进行文本聚类分析发现，如图 4.62 所示，该领域"创新积分 500 企业"申请的专利文本中出现较多的词汇分别为计算机可读存储介质、显示模组等。进一步对发明专利技术运营情况进行分析发现，该领域"创新积分 500 企业"中共有 38 家积分企业进行了 466 项专利转让，如图 4.63 所示，南方电网数字电网研究院有限公司（140 件）、合肥的卢深视科技有限公司（87 件）、浪潮云信息技术股份公司（55 件）等积分企业的发明专利转让数量位居前列。如图 4.64 所示，共有 4 家积分企业进行了 21 项发明专利许可，其中合肥的卢深视科技有限公司（10 件）、杭州趣链科技有限公司（5 件）等积分企业的发明专利许可数量位居前列。

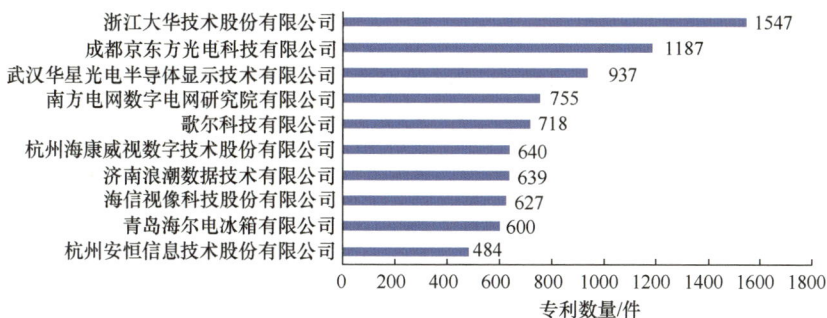

图 4.61　电子信息领域"创新积分 500 企业"发明专利申请情况（公开，前 10 名）

图 4.62　电子信息领域"创新积分 500 企业"发明专利技术词云图

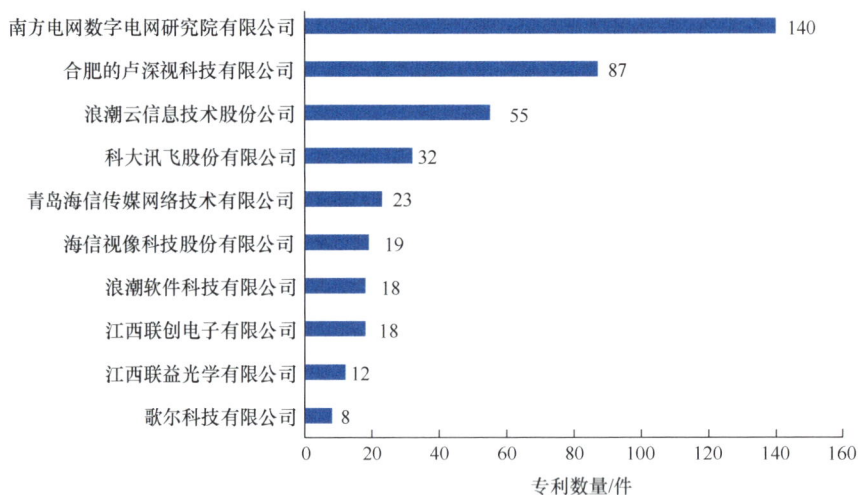

图 4.63　电子信息领域"创新积分 500 企业"发明专利转让情况（公开，前 10 名）

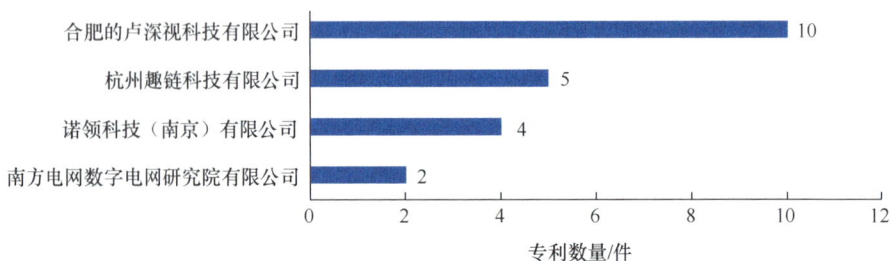

图 4.64　电子信息领域"创新积分 500 企业"发明专利许可情况

企业创新积分制采集的企业数据为填报时上一年度的指标数据，因此本章采用了 2021 年应用的企业创新积分核心指标开展数据分析工作。在工作实践中，核心指标由原来的 20 项调整为 18 项，企业创新积分制应用的核心指标及创新积分量化模型也在逐步优化完善，最大程度保证创新积分计算结果的精确性，优化后的核心指标更加突出对企业创新能力和发展潜力的全面刻画作用，尤其是在指标数据的采集和应用上更为科学合理，核心指标优化调整情况请见表 4.34。

表 4.34　企业创新积分核心指标优化调整情况

| 指标名称 | 调整方式 | 调整考虑 |
| --- | --- | --- |
| 企业征信、企业环境信用、是否为高新技术企业 / 科技型中小企业等 3 项指标 | 移除 | 企业征信及企业环境信用等级必须为良好才可纳入积分企业范围，故移除企业征信及企业环境信用两项指标；因积分企业中 80% 以上为高新技术企业或科技型中小企业，所以不再将"是否为高新技术企业 / 科技型中小企业"列为核心指标 |
| 本科及以上学历人员占比 | 调整 | 将核心指标"本科及以上学历人员占比"调整为"研究生学历人员占比"，更加突出积分企业在人才方面的创新性 |
| 获得风险投资金额 | 新增 | 企业融资能力，是衡量企业能否实现快速发展的关键因素之一。同时将"近三年获得风险投资金额"新增为核心指标，以进一步评价积分企业的创新潜力情况 |
| 承担建设省级及以上研发或创新平台数量、获得省级及以上科技奖励数量、承担省级及以上科技计划项目数量 | 优化 | 统计分析时发现，因统计时限较短，该项指标数据为零的积分企业数量占比较大，为确保指标的有效性，将统计时间范围由当年优化为近两年 |
| 其他指标 | 明确 | 在汇集数据时，明确各指标的完整因素值，以确保指标数值的准确性 |

# 第五章

## 企业创新积分制的典型案例

**第一节** 　　专题案例报道

　　随着企业创新积分制提质扩面，其在强化企业科技创新主体地位，撬动社会资源精准支持企业创新，促进科技、产业、金融良性循环等方面的政策成效日益凸显，企业创新积分制得到社会媒体等的关注与重视，被实践证明是科技金融政策工具主动适应高质量发展新要求的创新之举。如表 5.1 所示，本节将对新华社、《人民日报》、《科技日报》等主流新闻媒体的专题案例报道进行介绍。

表 5.1　企业创新积分制媒体报道（选取部分）

| 新闻媒体 | 报道标题 |
|---|---|
| 新华社 | "小积分"为企业换来"大能量" |
| 《人民日报》 | 金融"活水"流向创新高地 |
| 《科技日报》 | 创新积分制：精准破解科技企业融资难题 |
| 《经济参考报》 | 政银协同破解科技企业融资难题 |
| | 积分制试点蓄势　央地力挺企业创新 |
| 《经济日报》 | 创新积分贷来真金白银 |
| | 以量化方式科学评价科技企业——创新积分兑出发展后劲 |
| 锐科技 | "企业创新积分贷——走进高新区"首站活动在江苏无锡成功举办 |

## 1. "小积分"为企业换来"大能量"

　　2022 年 5 月 10 日，新华社的报道中提到，企业创新积分制在识别具有潜力的创新企业、促进政府支持政策整合方面做出了新的探索，极大促进了金融机构、投资资本和市场力量等的精准发力，随着大范围推广和应用，企业创新积分制将释放出"大能量"。科技部在 2021 年通过企业创新积分制对首批 13 家试点高新区的 2.23 万家积分企业的创新能力进行量化评价，发布了第一批"创新积分 500 企业"名单。企业创新积分制是一项新型科技金融政策工具，让政策、资本等精准发力。2020 年 12 月，科技部在杭州高新区、广州高新区等 13 家国家高新区启动了首批企业创新积分制试点。企业创新积分制以企业创新能力量化评价为抓手，建立了一座使科技和金融融通互信的桥梁。政府通过企业创新积分精准识别和有效发现创新能力强、成长潜力大的科技企业，主动为积分企业增信授信，引导技术、资本、人才等各类创新要素资源向企业集聚，激发微观主体的创新活力，助力科技企业快速成长。

科技部统计数据显示，2021 年，13 家试点高新区依据企业创新积分，累计为 2.23 万家积分企业提供财政资金支持达 56.3 亿元，同时还将当地的科技项目、用地指标、人才住房等政策与企业创新积分有效衔接。各试点高新区积极加强与各类银行机构的合作对接，联合设立了"创新积分贷"等专项金融产品 30 余项，2021 年为积分企业累计提供贷款授信和创业投资达 289.8 亿元。

科技部依据各试点高新区的积分企业数据和 20 项核心指标，对首批 13 家试点高新区内的 2.23 万家积分企业数据进行了标准量化和积分排序，分阶段、分领域择优遴选了"创新积分 500 企业"名单。其中，共有高新技术企业 424 家，科技型中小企业 325 家。这些企业贡献了 2.23 万家积分企业总研发投入的 29%、总营业收入的 20.8%、高新技术产品总收入的 28.60%、PCT 专利申请总量的 41.1%、发明专利申请总量的 29.4%。值得注意的是，

"创新积分 500 企业"并不是主观评选出来的，而是通过对试点高新区企业创新积分的量化，主动识别和精准发现的。在实际操作中，积分企业只要在创新积分平台上点击"金融服务"，即可获知贷款授信额度——积分越高，授信额度越高，并可在线办理科技贷款。这真正实现了"小积分、大应用"的政策带动效应。

企业创新积分制还在持续完善和推广，2021 年底，科技部在天津滨海高新区、武汉东湖高新区等 46 家国家高新区启动了第二批企业创新积分制试点，试点高新区扩增至 59 家，截至 2023 年 12 月，试点高新区已经扩增至 133 家。科技部将在国家高新区企业创新积分制试点实践的基础上，进一步做大做强做优企业创新积分制这一新型科技金融政策工具，面向全国科技企业全面推广企业创新积分制政策经验，并做更多探索。例如，依据企业创新积分制对高新技术企业实行分类分层分级管理，在高新技术企业中遴选设置"潜力层""精选层"创新积分企业，形成高新技术企业成长梯度；加强银行类金融机构在职责范围内更好地支持服务高新技术企业发展，全面引导各类创新要素向高新技术企业集聚，并为金融机构实施再贷款提供参考依据；等等。

新华社还报道了专家意见。国务院参事、北京大学经济学院教授刘怡提到，如何提高政府科技投入对企业创新的支持效率是科技、财税等部门长期研究的问题。刘怡认为，企业创新积分制在识别具有潜力的创新企业、促进政府支持政策整合方面做出了新的探索，未来，可在进一步加强企业创新分类评估的基础上，结合政府科技投入产出效率，持续完善和推广企业创新积分制，全面反映企业创新能力、创新潜力及社会经济效益。中国科学院科技战略咨询研究院研究员王胜光提到，企业创新积分制以量化方式反映科技型中小企业的创新发展程度，也通过积分的高低客观反映不同企业之间的创新发展差距，方便政府精准施策，也能促进金融机构、投资资本和市场力量等精准发力。

## 2. 金融"活水"流向创新高地

2021 年 2 月 22 日，《人民日报》发表了关于企业创新积分制的报道《金融"活水"流向创新高地》。报道称，创新是引领发展的第一动力。近年来，在创新驱动发展战略推动下，我国高新技术产业方兴未艾，一批具有国际竞争力的创新型企业加速发展壮大，科技创新成果竞相涌现，其中，金融业提供了有力支撑。加大对科技创新支持力度，提升科技企业竞争力，金融部门探索形成了哪些行之有效的办法？未来又该如何进一步发力？《人民日报》记者经过调查采访形成了初步调研结论，例如专利权质押 + 信保基金担保相融合，能够让科技企业的融资难题迎刃而解。《人民日报》在该篇报道中特别引用了生动的企业故事，使报道极具说服力和感染力。

此外，报道称，企业创新积分制能够量化创新能力、帮助融资增信，使企业贷款更容易。

什么是企业创新积分制？时任浙江银保监局局长介绍，这是杭州市推出的量化企业创新能力、帮助企业融资增信的新举措，通过对企业创新投入、研发平台、创新产出、成长性等方面进行全面测评，可以对不同发展阶段企业的创新能力进行精准评价，并给出企业创新积分；我们将浙江省金融综合服务平台与企业创新积分系统对接，将政府公共数据、银行金融服务、企业融资需求三者有机协同，银行利用企业创新积分评价结果，将企业创新能力转化为实实在在的授信额度。目前当地银行已通过该方式完成授信合计 1.5 亿元。

此外，浙江省加大不同部门间科技企业数据信息共享力度，并建立科技型中小微企业金融服务清单，广泛开发基于企业创新评价、信用信息、经营流量数据的科技金融产品，为企业提供差异化、精准化金融服务。

近年来，首台（套）重大技术装备保险补偿机制试点工作在全国范围顺利开展，由中央财政为投保企业提供一定的保费补贴，这有力推动了首台（套）重大技术装备技术创新和市场化应用。同时，保险行业围绕科技创新应用设计了多款保险产品，如科技研发费用损失保险、科技企业营业中断保险、科技转让服务合同信用保险等，企业多样化科技保障需求得到更好满足。

在资本市场方面，上海证券交易所设立科创板并试点注册制，支持和鼓励"硬科技"企业在科创板上市；创业板改革并试点注册制成功落地，对创新型企业的服务能力增强。此外，相关部门积极支持符合条件的创新创业企业发行公司债券，截至 2020 年 6 月末，创新创业债券累计融资金额达 151 亿元。

报道中提到，企业创新积分制能够推进资源整合，提升服务效能，为科技创新注入更强金融动力。

对金融业而言，如何更好支持科技创新是一个新挑战，也是自身实现高质量发展所面临的新机遇。专家认为，未来，应从体制机制创新、专业机构建设等方面持续发力，为科技创新注入更强金融动力。

报道中介绍，企业创新积分制能够完善体制机制建设，加强各方资源整合。金融支持科技创新的有关工作涉及面广，需要金融、科技、产业等领域有关部门加强协同配合，建立高效协调机制。记者采访的多位业内人士均表示，提升科技金融服务水平，尤其要打通信息"高速路"，加大信息互联互通力度，强化相关数据库规划建设，建立健全科技金融信息化平台，实现相关数据高效收集与整合，从而提升服务效能。

## 3. 创新积分制：精准破解科技企业融资难题

2023 年 6 月 14 日，《科技日报》头版刊发《创新积分制：精准破解科技企业融资难题》，介绍了全国各地创新积分制创新举措，通过对企业进行精准画像、精准滴灌、精准培育，破解科技企业融资难题。

正如报道转述，科技企业普遍具有高成长、高风险、轻资产特点，因缺乏质押标的，金融资本往往不愿介入。融不到资、融不够资，成为困扰许多中小企业的"头号难题"。

企业创新积分制的出现，让科技企业和金融资本跨越鸿沟，"链"在了一起。2022 年，全国 70 013 家创新积分企业共获银行授信 1178.6 亿元。

报道指出，2020 年 10 月，在多方调研基础上，科技部组织行业专家共同研究制定了"技术创新指标""成长经营指标""辅助指标"3 类一级指标，具体涵盖"研发费用金额""高新技术产品与服务收入""与主营业务相关的发明专利申请量"等 18 项二级指标，正式出台企业创新积分制，并在 13 家国家高新区启动首批试点工作。

报道提及，2022 年 5 月，科技部公布了《企业创新积分制首批试点国家高新区创新积分 500 企业名单》。通过汇总分析各高新区上报的指标数据，积分企业的排名就被甄别出来，政府基于此提供分类指导，并且根据企业的成长阶段进行全周期指导，扶持它们发展成为创新后备军。

报道介绍，2022 年，中国银行总行与科技部合作设立中银 – 火炬"创新积分贷"，建立起一套适应科技企业特点的信贷模型。该信贷模型是业内首套顶层设计的、针对科技企业的信贷模型，企业科创指标约占 1/3 的权重。该模型以企业创新积分评价指标体系为基础，融合商业银行信用分析方法与投资银行价值分析视角，通过构建智能化模型对科技企业信用风险及成长潜力进行量化评价，精准匹配信贷服务。

工商银行、建设银行、农业银行、邮储银行等金融机构纷纷推动设立"创新积分贷"专项金融产品，根据创新积分对科技企业提供无抵押信用贷款。

报道称，各高新区搭建的企业创新积分管理平台上正在绘就企业创新能力精准画像。高新企业和金融机构纷纷"入驻"平台，企业轻点屏幕，画像即推送至银行，银行审批完成后，企业即可在线上获取贷款，省时又省力。

在科技部的支持下，各地高新区还结合地方实际扩充指标，根据企业成长阶段和行业领域分类计算积分，使企业创新画像更为精准。

未来，企业创新积分制还将通过进一步完善评价指标体系和方法，更精准、更早期地识别和支持具有成长潜力的科技初创企业，在提升高新区数字化治理能力的同时，引导产业资源为积分企业赋能。

## 4. 政银协同破解科技企业融资难题

2023 年 3 月 29 日，《经济参考报》刊发了《政银协同破解科技企业融资难题》。报道指出，中国银行总行与科技部在"总对总"层面合作设立的中银 – 火炬"创新积分贷"正式上线。与此同时，由科技部主导的企业创新积分制试点也在全国提质扩面。目前，企业创新积分制已在 133 家高新区试点实施，积分企业超过 7 万家，实现精准授信超过 1468 亿元。工商银行、农业银行、中国银行、建设银行等近 20 家银行均已结合创新积分制开发了各自的金融服务产品，加快将万亿金融"活水"引向创新高地。

2023 年 3 月 25 日，中银 – 火炬"创新积分贷"专项科技金融成果在京发布。据悉，中银 – 火炬"创新积分贷"是科技部与中国银行战略合作的标志性成果，建立了一套适应科技企业特点的全新信贷模型。该金融产品主要适用于高新技术企业、科技型中小企业、专精特新企业及其他具备创新积分指标数据的企业客户。

报道称，近年我国科技企业面临融资难问题。一方面是科技企业普遍具有"轻资产"特点，自身缺乏质押标的，难获贷。另一方面，当前金融机构的企业信用评价体系中，企业创新能力所占权重不高，金融机构不敢贷、不愿投。此外，部分金融机构对企业创新能力和成长潜力的研判不足，缺乏支持科技企业的长效机制。

作为新型科技金融政策工具，企业创新积分制以企业创新能力量化评价为抓手，建立了一座使科技和金融融通互信的桥梁。

另外，企业创新积分制应用场景也不断拓展，其在集成涉企政策、加强金融增信授信、注重梯度培育精准施策、数字化治理减轻企业负担及支持企业创新等方面，为政府部门形成合力协同推动科技企业提升技术创新能力提供了重要支撑。2022 年 8 月，科技部、财政部印发《企业技术创新能力提升行动方案（2022—2023 年）》，提出推广企业创新积分贷，强化对企业创新的金融支持。2022 年 10 月，江苏省将企业创新积分制实施情况纳入对全省高新区创新驱动高质量发展评价考核指标。

报道中指明，企业创新积分制的提质扩面，在强化企业科技创新主体地位、调动社会资源加大多元化科技投入精准支持企业创新和促进科技、产业、金融良性循环等方面的政策成效日益凸显。基于试点高新区上报数据，2021 年，各银行机构对第一批 2.23 万家积分企业增信授信 289.9 亿元。

## 5. 积分制试点蓄势　央地力挺企业创新

2022 年 5 月 24 日，《经济参考报》发布了一篇名为《积分制试点蓄势 央地力挺企业创新》的报道。报道称，继江苏、浙江、山东等 9 个省份的 13 家国家高新区进行首批试点之后，企业创新积分制试点再次向 46 家高新区的数万家企业铺开。与此同时，多部委正启动"携手行动"，促进大中小企业融通创新，以期通过政策引领、机制建设、平台打造，推动形成协同、高效、融合、顺畅的创新生态。另外，由于央地协同发力，我国正将千亿金融"活水"引向创新高地。

报道提到，为扎实推动科技企业技术创新能力建设，相关部门正聚焦强化企业战略科技力量，研究制定并实施《2022—2024 年火炬工作提升行动三年方案》，推动高新技术企业税收优惠政策完善和扎实落地，研究出台支持高新技术企业高质量规范发展的指导意见，强化高新技术企业监督管理体系建设，进一步提升高新技术企业发展质量。事实上，从中央到地方，我国支持企业创新的政策频频推出。"十四五"规划更是明确，完善技术创新市场导向机制，强化企业创新主体地位，促进各类创新要素向企业集聚，形成以企业为主体、市场为导向、产学研用深度融合的技术创新体系。

经过近两年的试点，科技部形成了可复制、可推广的"积分制"典型政策经验。另外，试点高新区还建立企业创新积分制信息平台，主动协调并从地方科技、税务、市场监管等部门政务系统中直接"抓取"企业积分指标数据，切实做到企业"零填报"。

根据科技部与重点金融机构的战略合作，科技部于 2022 年正式公布"创新积分 500 企业"名单。科技部通过企业创新积分制，对首批 13 家试点高新区的 2.23 万家积分企业的创新能力进行量化评价，确定名单，旨在引导金融"活水"精准流向优秀科技企业。

目前，山东、河北等地均已将企业创新积分制面向全省推广实施，湖北也正加快跟进。

## 6. 创新积分贷来真金白银

2022 年 6 月 29 日，《经济日报》刊发了《创新积分贷来真金白银》的报道。报道称，天津滨海高新区作为国家级自主创新示范区，全力开展企业创新积分制示范试点，与金融机构合作推出"科创积分贷"科技金融产品，从 2022 年 4 月试运行以来，已为 18 家企业授信 5000 万元，成为科技型中小企业纾困解难、健康发展的新途径。

报道指出，围绕创新能力，天津滨海高新区搭建"20+$N$"评价指标体系，从技术创新、成长经营、人才团队、金融征信 4 个维度对企业创新情况进行精准画像，并在环保、安全、诚信等方面设置"一票否决权"。评价体系包含"初创期—成长期—爆发期—成熟期"4 个发展阶段，突出企业同级比较、优中选优、全面量化的评价指标体系，并与金融机构进行适配互认，形成一套客观公正的评价机制。

报道提及，兴业银行已上线"科创积分贷"产品，并将额度从 500 万元提高到 1000 万元。工商银行天津分行、天津农商银行也已推出了相关产品业务。

## 7. 以量化方式科学评价科技企业——创新积分兑出发展后劲

2022 年 5 月 11 日，《经济日报》刊发了一篇题为《以量化方式科学评价科技企业——创新积分兑出发展后劲》的报道。报道称，2022 年 5 月 10

日，科技部公布了"创新积分 500 企业"名单。

报道中详细介绍，企业创新积分制成为一个重要突破口，它是一种新型科技金融政策工具，通过给企业创新能力计分，让社会资本可以精准支持有潜力的科技创新企业。科技型中小微企业普遍具有高科技、高成长、高风险、轻资产等特点，但往往抵押物不足、短期财务指标不优，而传统金融机构在对科技企业进行投融资时，面临找不到优质项目、看不懂企业科技含量、难以把控技术关联风险等问题。

对金融机构来说，创新积分解决了对科技企业难以评判的难题；对科技企业来说，创新积分带来了实实在在的金融"活水"。

报道中提到，2021 年，常州国家高新区与银行合作推出了"科创积分贷"产品。掌握了多项光伏电池相关核心技术的常州聚和新材料股份有限公司，通过科创积分系统的支持，得到的授信力度明显加大，目前已投放信用贷款 1.7 亿元。

报道中指明，科学客观的企业创新积分制不仅能引来金融"活水"，还能整合项目扶持、财政资助、评奖评优等各类资源。

目前，科技部已探索形成了一些可复制、可推广的积分制典型政策经验。例如，科技部鼓励试点高新区结合地方实际，在核心指标基础上，自主完善并扩充形成地方积分指标，精准识别更多具有发展潜力的优秀企业；组织试点高新区根据企业成长阶段和行业领域，分类计算企业创新积分，还将原本分散在各部门的涉企政策与创新积分紧密挂钩，实现积分兑现一网通、创新政策一网清，大大增强了企业的政策获得感。

## 8. "企业创新积分贷——走进高新区"首站活动在江苏无锡成功举办

2023 年 8 月 11 日，"锐科技"发布了一篇题为《"企业创新积分贷——走进高新区"首站活动在江苏无锡成功举办》的文章。为深入贯彻党中央关于完善金融支持科技创新体系的决策部署，推动科技金融产品及服务落实落地落细见效，促进科技—产业—金融良性循环，2023 年 8 月 8 日，科技部联合中国银行在无锡举办"企业创新积分贷——走进高新区"江苏首站活动，来自长三角的 36 家国家高新区和 16 家江苏省级高新区的代表参加了此次对接活动。

文章提到，活动上，中国银行相关负责人向园区和企业介绍了中银 – 火炬"创新积分贷"和创新积分模型"预授信"等中国银行特色金融产品及服务。中国银行江苏各分支行与 34 家省内高新区举行了现场签约仪式，将中银 – 火炬"创新积分贷"在各试点高新区全面落地。无锡高新区和常州高新区作为试点高新区代表，分享了实践经验，中国银行无锡分行对当地 5 家积分企业代表进行了主动授信。

下一步，科技部将深入落实《加大力度支持科技型企业融资行动方案》，将"企业创新积分制"总结提升为全国性的企业科技创新属性评价标准，在全国全面推广实施企业创新积分制，持续完善评价指标和量化模型，建立全国统一、部门认可、机构互认的企业科技创新属性评价体系。同时，科技部将进一步拓展创新积分在资本市场等方面的应用场景，不断健全金融风险和数据安全防控机制。

## 第二节　试点高新区典型做法

各试点高新区结合自身企业发展特征、企业培育侧重点及创新积分制工作开展情况，探索出了个性化、特色化、差异化的企业创新积分制工作模式和创新积分应用场景。本节选取了部分试点高新区在推广实践中的典型做法作为案例，进行重点介绍。

### 1. 昆山高新区

昆山高新区与 7 家金融机构合作签订企业创新积分制应用战略合作协议，推出一系列企业贷款金融产品，助力高新技术企业加快转型升级，扩大产能；并建立包括 7 类一级指标、48 项二级指标的企业创新积分评价指标体系，从多个维度对企业进行综合评价，量化科技企业的创新能力；还利用企业创新积分制平台，根据银行等金融机构的反馈意见，将企业分别按照成立时间和营业收入规模进行划分，根据企业所在阶段，为入库企业提供"一企一策"分类指导和"全生命周期"的精准指导；又构建分层次、分行业的企业创新积分账号管理体系，方便企业、金融机构、政府部门进行线上查询；另设立金融超市链接模块，便于企业查看金融超市产品，实现金融供给信息与需求信息高效对接。

## 2. 无锡高新区

无锡高新区制定了《无锡高新区企业创新积分管理办法》，与"1+N"科技创新政策体系联动，通过专业创新积分平台，基于 42 项个性化评价指标，对园区科技企业数据进行智能抓取；此外，还强化了企业创新积分的扶优扶强导向和创新引领作用，对积分企业在房租减免、贷款贴息、规模奖励、载体转让、个税减免方面开展择优精准扶持，"企业创新积分 + 人才积分"双积分应用也得以落地；在科技金融方面，不仅建立了无锡高新金融谷，成为对积分企业提供投融资服务的"大本营"，还结合"十百千万"专项行动，与 10 家银行开展"创新积分贷"合作，形成 21 大类、109 种"太湖积分贷"系列金融产品，产品上线高新区企业服务空间"锡新通"，为企业云上"小积分"换取创新"大资本"。

## 3. 合肥高新区

合肥高新区在企业创新积分制基础上设置企业高价值专利评价、上下游供应链、研发投入和研发人员双强度等九大维度，深挖具有发展潜力的"潜行者"企业；首创全国高新区全线上企业创新积分贷组合产品，依托企业创新积分制数据库与中国工商银行数字金融优势，实现纯线上实时授信、在线秒批；对积分结果开展增信支持，实现政策精准发力，根据积分结果累计点对点分类推送惠企政策信息到科技型中小企业、高成长企业；同时开展差异化企业服务，对"潜行者"企业提供商业模式打磨、人才链接、融资对接等服务，对深科技企业、瞪羚企业提供"赛马"和"揭榜"机制技术对接、资本对接、场景对接等服务，支持专精特新企业和爆品企业上市、业务国际化、裂变式发展。

## 4. 佛山高新区

佛山高新区的企业创新积分评价指标体系以企业营业收入、从业人员、资产总额规模为依据，面向不同规模企业采取不同计分标准，进行同级比较、差异计算，对科技企业的创新能力进行全面量化，同时对事关企业核心创新能力体现以及经营底线的指标实施核心指标一票否决制；在政策方面，有效汇聚各部门的财政政策、创新政策、人才政策、住房政策等 17 项主导政策，重点关联瞪羚企业、单打冠军企业、独角兽企业、企业研究院、智能工厂等重点项目，为榜单企业提供"一企一策"分类指导和"全生命周期"精准扶持；在科技金融方面，引入金融机构、投资机构、资本市场等社会机构参与企业创新积分制试点工作，比如联合中国工商银行佛山分行开展科技金融创新服务"十百千万"专项行动等。

## 5. 宝鸡高新区

宝鸡高新区搭建政银企合作平台，主动与多家银行进行对接，创新金融服务模式，为企业融资贷款、"输血"助力，同时实施 14 条金融支持助企纾困具体措施，引导金融机构推出针对瞪羚企业、专精特新"小巨人"企业等优质企业的"科技贷"；以《"企业创新积分制"工作指引（1.0）》为依据，设置人才培育吸引指标、创新能力指标、成长能力指标、逆向指标等突出本土特色的 4 类一级指标、15 项二级指标，精准培育支持创新能力突出的科技企业，同时针对企业在各发展阶段的特点，以每阶段约 25% 的积分企业数量占比分别向社会发布成熟期、发展期、成长期、初创期前 20 户、30 户、50 户、100 户企业的创新积分榜单，同步搭建企业创新积分制管理系统信息化平台，量化反映科技企业的创新能力。

## 6. 广州高新区

在企业创新能力评价方面，广州高新区结合区域发展实际，针对初创期、成长期、发展期、稳定期不同阶段企业的发展水平、特质等构建了四阶段企业差异化评价指标体系及赋分规则；在数据平台构建方面，搭建了涵盖数据采集、数据计算、积分分析、金融超市等功能模块的创新积分信息平台，绘制参评企业创新精准画像；在科技金融方面，落地近 10 款金融信贷服务产品，设计多款首创型金融产品并逐步推广；在企业对接方面，持续举办"企业创新积分制"专题交流会等，通过线下宣传为线上服务导流；在企业品牌塑造方面，联合相关媒体定期发布广州高新区企业创新积分制工作进展与成效等，设置"广州高新区高积分企业推介"专栏，通过常态化宣传扩大企业创新积分制工作的影响力。

## 7. 苏州工业园区

2022 年，苏州工业园区创新积分评价系统参评企业数量从 1129 家增加到 2077 家，其中，115 家企业入选科技部"创新积分 500 企业"名单。基于创新积分体系，苏州工业园区管委会相关局办和工商银行支行、相关融资担保有限公司等联合设立首款政策性量化金融产品"创新积分贷"，破解科技企业融资难题，实现积分变信用、积分变资金。此外，苏州工业园区在打造品牌方面，推出了"金鸡湖企业创新积分榜单"品牌，进一步激发企业的创新活力；在系统管理方面，已于 2022 年正式上线可视化"创新积分管理信息系统"，实现积分企业指标统计分析、积分结果一键生成；在政策联动方面，形成了"企业创新积分制"政策应用清单，分阶段、逐步将评价结果纳入政策支持参考依据。

## 8. 武汉东湖高新区

2021 年 11 月，武汉东湖高新区入选"企业创新积分制"试点。为加快推进试点工作，2022 年 9 月，武汉东湖高新区正式上线企业创新积分制管理平台，形成了权威的评判基础。此外，武汉东湖高新区依托企业创新积分制建立科技金融超市，引导银行、科技担保机构联合开发"积分贷"科技金融产品，对接中小型企业资金需求；还通过企业积分试点，对企业创新能力进行量化评价，精准识别和有效发现研发能力强、成长潜力大的科技初创企业，对园区企业的情况做到了"家底清"和"情况明"，实现了对科技企业分级分类管理和评价。与此同时，武汉东湖高新区注重推动一批高效支持企业发展的惠企政策落地，通过打通积分平台数据，真正实现了政策申报全过程中企业零跑腿、全线上、非接触"免申即享"服务。

## 9. 石家庄高新区

石家庄高新区以科技部企业创新积分制的核心指标为基础，并根据企业成立时间，将企业创新积分量化，并以"千分制"形式表示，精准掌握企业创新能力。石家庄高新区把关于科技、人才、产业、金融等的政策分解，将有量化指标的现有政策与企业创新积分指标进行实时匹配、精准匹配，开展政策智能推送；此外，通过从评价指标中遴选出与各类企业认定标准相近的若干指标，对所有企业进行排序，加速培育"好苗子"企业。自开展试点以来，石家庄高新区积极落实科技部"十百千万"专项行动、"一体两翼"科技金融专项行动，与银行机构联合打造基于企业科创属性的特色金融产品，同时引导信贷资金向积分企业聚集。

## 10. 保定高新区

保定高新区组织委托专业机构进行评价指标体系设计，构建了"18+36"评价指标体系；通过"科技赋能贷"等专项信用产品的优化创新，与相关部门积极对接，联合支持高新技术企业、专精特新企业等科技企业。同时，保定高新区升级企业创新积分管理信息系统，通过系统向企业精准推送相关政策与金融产品，适时开放微信小程序积分查询与信息推送功能。此外，保定高新区出台《保定国家高新区管委会关于创新驱动引领高质量发展的若干政策（试行）》等相关政策，鼓励企业应用创新积分，并按积分分值排序，给予单个企业最高不超过 10 万元的奖励；设立保定国家高新区科技企业贷款风险补偿资金池；出台《保定国家高新区科技企业贷款补偿资金池管理办法》，充分发挥财政资金的引导和放大作用。

## 11. 天津滨海高新区

天津滨海高新区通过"积分＋企业"赋能，培育了科创"潜力股"，构建"18+N"评价指标体系，对企业创新发展情况进行了精准画像；通过"积分＋平台"融合，做优服务"一网通"，企业注册授权即可查询创新得分，免去了企业的数据填报负担；同时建立了企业可视化成长图表，直观体现企业创新能力，精准推送企业得分及相应政策，企业还可根据实际需求选择合适的金融机构和信贷产品，实现企业服务"全网通"。此外，天津滨海高新区通过"积分＋应用"互促，推动了政策"优供给"；联合 9 家合作银行，推出"科创积分贷"，企业可以用积分换取"真金白银"；出台"科企六条"政策，根据高新技术企业的创新积分排名，分档给予奖励。

## 12. 杭州高新区

　　杭州高新区基于企业创新积分制，以营业收入规模为标准，将企业划分为"种子期—苗木期—成长期—壮大期—成熟期"等 5 个发展阶段，设置了 5 个阶段的企业评价指标与计分标准。基于企业创新积分系统，通过精准服务企业，杭州高新区已推广建立高新技术企业、科技型中小企业、研发中心等 8 类企业预备库。此外，"创新积分贷"是杭州联合银行西兴支行基于杭州高新区在全国率先试点推动的"企业创新积分"评价体系生成的。该体系根据企业的不同发展阶段，采取不同评级标准对企业进行分级分层评价，量化评价企业创新能力，构建企业创新画像，为科技企业增信。杭州高新区对于 300 万元以下的创新积分贷款实施"见贷即保"，赋能科技型中小企业利用创新积分获取银行贷款。

## 13. 长沙高新区

　　长沙高新区在《"企业创新积分制"工作指引（1.0）》明确的 18 个核心指标基础上，完善扩充形成包括 4 类一级指标和 38 项二级指标的科学评价体系，并按照发展规模将企业划分为 5 个成长阶段进行定档分级。在此基础上，长沙高新区通过对企业创新能力进行量化评价，实现对积分企业的精准画像，准确掌握每家企业可以享受哪些优惠政策和需补齐的短板，对企业进行分类指导和全生命周期"主动送策"，大大提升了服务效率和服务水平。针对核心企业供应链场景，中信银行推出了供应链金融，用核心企业的银行授信来盘活核心企业上游供应商的应收账款。此外，中国建设银行长沙麓谷科技支行推出小微企业"科技贷"以及"善新贷"等产品。

## 14. 南昌高新区

自南昌高新区成为江西首个企业创新积分制试点高新区以来，已有 300 余家企业通过创新积分获得超过 70 亿元的银行授信额度。为引导创新链与资金链深度融合，南昌高新区基于技术创新、成长经营等大方向建立了由 43 个核心指标构成的评价指标体系，将企业能力评价量化，为银行、投资机构提供可参考标准，加快培育高质量创新主体。为推动创新积分制平台从"可用"向"好用""易用"转变，南昌高新区开发上线了"企业创新积分制"小程序，用户可通过手机随时随地获取最新的惠企政策、政策解读信息。此外，依托平台功能，南昌高新区建立了"科技型中小企业—高新技术企业—高成长性科技企业—专精特新企业—映山红企业"梯度培育库，为企业提供精准高效服务。

## 15. 大连高新区

作为首批同时也是东北地区第一家企业创新积分制试点高新区，大连高新区经过 3 年的探索实践，形成了以科技部核心指标为基础、区域特色指标为补充的创新积分评价体系，并逐年予以优化，不断提高企业"创新画像"的精准性。通过企业创新积分制，7000 多家企业被纳入大连高新区科技型中小企业、高新技术企业、雏鹰企业、瞪羚企业、独角兽企业梯次培育库。入库企业通过"科技企业成长路线图"引导、创新积分平台送服务和送政策、"菜单式定制化"培训等途径获得各种科技服务和支持，一步步发展壮大。与此同时，大连高新区积分平台还加载了企业季报年报展示、企业智能筛选、高新技术企业智能分析等功能，并集多项科技企业培育功能于一体，成为科技企业管理的"百宝箱"。

## 16. 青岛高新区

作为全国首批、山东首家企业创新积分制试点高新区，青岛高新区以企业创新积分为参考，分类别、分层次精准施策；联合税务、行政审批等职能部门获取企业相关数据，最大限度简化企业申报材料，探索"免申即享"的兑现方式。青岛高新区在"科创 36 条"专项支持基础上，整合各类涉企政策，引导金融信贷、科技计划、税务服务、应用场景等各类要素向创新积分企业加速集聚；搭建积分管理信息化平台，开展企业创新积分评价，推动科技、财政、税务等部门联动，围绕创新积分开展企业服务，引导各类创新要素向企业集聚，结合企业全生命成长周期，加快形成了"雏雁成长、强雁振翅、头雁引领、雁阵齐飞"的雁阵发展格局，为企业高质量发展持续提供有力支撑。

## 17. 西安高新区

西安高新区以创新积分为依据，精准量化与支持园区科技企业，为企业与政策的匹配提供精准导航，从而实现"积分兑现一网通""创新政策一网清"。通过企业创新积分制，西安高新区挖掘出 100 多家具有"硬科技"实力的企业，大力支持 350 余家创新积分排名靠前的企业申报陕西省、西安市科技计划，通过定点走访、专人送政策，精准扶持企业成长壮大；搭建创新积分管理平台，设置企业数据采集、积分计算及应用等功能，搭建企业数据库，构建企业创新积分计算的数据生产线；打通西安高新区信用金融服务平台等数据渠道，并将数据来源扩大至 4 个平台——科技部年报数据、横向数据、第三方公开数据以及企业自主填报数据，多元化数据库为企业创新积分制多功能应用提供了强大支撑。

## 18. 郑州高新区

郑州高新区以企业创新积分制这一新型科技金融政策工具来量化评估企业创新能力，建立使科技和金融融通互信的桥梁，结合园区企业实际情况，前期建立了针对科技企业量化评估的评价指标体系，搭建了中原中小企业成长指数服务平台，并建立具有郑州高新区特色的创新积分评价指标体系：采用了科技部提供的 20 项核心指标，并选取了具有郑州高新区特色的 12 项指标组成了"20+$N$"评价指标体系。结合多年来对企业创新能力量化评估的实践探索，中原中小企业成长指数服务平台推出"1+$N$"的创新画像，即一个创新积分评价结果、$N$ 个单项创新标签，汇总了政务系统 1380 多个数据维度，可实现企业创新积分"一键生成"、创新画像"一秒出图"。

## 19. 常州高新区

常州高新区作为全国首批试点的 13 家国家高新区之一，正式启动了企业创新积分制工作并上线积分政策平台；根据科技部统一设计的积分模型和工作部署，从企业创新基础、创新投入、创新管理、创新产出、创新环境等 5 个方面设计了 89 项具体的积分指标。通过企业创新积分评价结果，常州高新区按照国民经济行业分类，以企业规模、企业成熟性、企业成长性为标准，筛选出园区小微科技企业，并通过积分小程序中的"企业走访"模块，设计调查问卷，摸排企业创新情况，为科技企业分类培育增添后备力量，有力支撑了高新技术企业培育工作。同时，常州高新区与中国银行、邮储银行等 6 家银行的相关支行签署了"创新积分贷"授信协议，帮助首批近 3000 家参与创新积分的企业进行基于创新能力的信用融资。

## 20. 温州高新区

自 2021 年被列入企业创新积分制试点单位以来，温州高新区持续推进相关工作，致力于解决科技企业创新能力量化难的问题，"以点带面"探索企业创新能力可量化、可运用的路径；研究编制《温州高新区（龙湾区）企业创新积分制工作实施方案》，形成技术创新指标、成长经营指标、辅助指标等三大类指标，确定 32 项积分指标，其中 20 项为科技部指定的核心指标，12 项为因地制宜探索形成的本土特色指标。同时，温州高新区搭建企业创新积分信息系统，实现线上企业基础数据采集、创新积分计算、创新积分查询、创新积分展示以及部分应用场景链接等功能；此外，在企业培育、政策扶持、创新积分贷等方面探索建立场景应用，引导各类资源向优质企业集聚。

## 21. 齐齐哈尔高新区

齐齐哈尔高新区以企业创新积分制为工具，推动"积分 + 平台"建设，在高新区智慧园区平台上搭建企业创新积分模块、发布惠企政策及公布 2022 年初创期、成长期、稳定期不同阶段积分企业的评价结果；搭建创新积分 + 金融信息服务平台，帮助银行和企业通过创新平台在线获得批量客户，提高银企对接效率和成效；推动"积分 + 金融"融合，与工商银行、建设银行等多家银行开展对接，为优质积分企业进行金融授信；推动"积分贷""税务贷"等产品与积分企业对接，解决企业融资难、融资贵的问题；推动"积分 + 服务"融合，针对企业积分情况，为企业精准开展科技政策扶持、企业辅导、资源整合对接一体的综合服务。

## 22. 成都高新区

成都高新区作为全国首批试点的 13 家国家高新区之一，围绕破解优质中小科技企业发现难、精准支持难、融资难问题，聚焦三个精准（精准识别、精准滴灌、精准培育），按照四个步骤（设定指标、构建模型、量化评价、场景应用），创新打造"金熊猫"科技企业创新积分制这一新型工具。通过科学设定 41 个积分指标，形成对参评科技企业创新与成长能力的精准画像，截至 2023 年底，已有 8382 家科技企业参与创新积分评价，积分评价结果全面应用于"创新榜单""积分贷""积分投""国有科创载体准入""评优推荐""高管培训组织推荐"等应用场景，初步构建起"小积分、大应用"的积分应用生态。成都高新区在全国相关工作会上做经验交流，连续两年获评全国创新积分制工作先进单位，并被《科技日报》《四川新闻联播》等媒体广泛报道，面向省内外高新区进行经验推广。

**第三节　与试点高新区相关的文件**

企业创新积分制在赋能科技企业创新发展方面的成效显著，受到各级政府、部门的高度重视和广泛认可，国家相关部门和各地结合工作实际，统筹人、财、物等多方面的创新资源，加大对积分企业的政策支持力度，相继出台了一系列政策文件和制度安排（见表 5.2），立足国家科技战略和区域创新发展需求，高质量、规范化、规模化推动企业创新积分制有效实施和落地。

表 5.2　与试点高新区相关的文件

| 序号 | 发文单位 | 印发时间 | 文件名称 |
|---|---|---|---|
| 1 | 科技部、财政部 | 2022 年 8 月 5 日 | 企业技术创新能力提升行动方案（2022—2023 年）（国科发区〔2022〕220 号） |
| 2 | 科技部 | 2022 年 9 月 21 日 | "十四五"国家高新技术产业开发区发展规划（国科发区〔2022〕264 号） |
| 3 | 山东省政府 | 2022 年 11 月 23 日 | 山东省人民政府关于加快推进新时代科技强省建设的实施意见（鲁政字〔2022〕225 号） |
| 4 | 山东省科技厅 | 2022 年 12 月 29 日 | 山东半岛国家自主创新示范区自主创新行动方案（2023—2025 年）（鲁科字〔2022〕182 号） |
| 5 | 山东省委、省政府 | 2023 年 1 月 3 日 | 山东省建设绿色低碳高质量发展先行区三年行动计划（2023—2025 年） |
| 6 | 山东省政府办公厅 | 2023 年 9 月 28 日 | 关于加强科技财政金融协同服务企业创新发展的若干措施（鲁政办字〔2023〕155 号） |
| 7 | 江西省科技厅、国家税务总局江西省税务局 | 2022 年 11 月 11 日 | 推动科技型企业高质量发展的若干措施（赣科规字〔2022〕4 号） |
| 8 | 江西省政府办公厅 | 2022 年 12 月 1 日 | 关于发展科技金融支持创新创业的若干措施（赣府厅字〔2022〕118 号） |
| 9 | 江西省科技厅 | 2023 年 2 月 24 日 | 科技兴赣六大行动实施方案（2023—2025 年）（赣科发〔2023〕1 号） |
| 10 | 江苏省政府办公厅 | 2021 年 9 月 2 日 | 江苏省"十四五"科技创新规划（苏政办发〔2021〕62 号） |
| 11 | 江苏省科技厅 | 2022 年 10 月 14 日 | 关于推动高新区"企业创新积分制"工作的通知（苏科区发〔2022〕235 号） |
| 12 | 宁波市政府办公厅 | 2022 年 10 月 26 日 | 宁波市加大全社会研发投入专项行动方案（2022—2026 年）（甬政办发〔2022〕52 号） |

续表

| 序号 | 发文单位 | 印发时间 | 文件名称 |
|---|---|---|---|
| 13 | 河北省委办公厅、省政府办公厅 | 2021 年 11 月 18 日 | 关于大力推进科技创新工作的若干措施 |
| 14 | 河北省科技厅 | 2022 年 5 月 30 日 | 河北省高新区企业创新积分制试点工作指引（试行） |
| 15 | 邯郸市委办公室、市政府办公室 | 2024 年 2 月 7 日 | 邯郸市企业创新积分制工作实施方案（试行） |
| 16 | 辽宁省政府办公厅 | 2023 年 11 月 27 日 | 辽宁省金融支持科技型企业全生命周期发展若干举措（辽政办发〔2023〕16 号） |
| 17 | 大连市政府办公室 | 2022 年 8 月 2 日 | 大连市雏鹰—瞪羚—独角兽—领军企业梯度培育工程实施方案（大政办发〔2022〕28 号） |
| 18 | 甘肃省科技厅 | 2022 年 10 月 21 日 | 甘肃省科技厅关于促进高新技术产业开发区高质量发展的若干措施（甘科区〔2022〕6 号） |
| 19 | 广东省政府办公厅 | 2024 年 2 月 9 日 | 关于加快推进科技金融深度融合助力科技型企业创新发展的实施意见 |
| 20 | 湖北省科技厅、省市场监管局、省税务局、人民银行武汉分行、湖北银保监局等十三部门 | 2022 年 8 月 11 日 | 湖北省企业创新积分制工作实施方案（鄂科技发创〔2022〕22 号） |
| 21 | 陕西省政府 | 2021 年 7 月 1 日 | 陕西省人民政府关于促进高新技术产业开发区高质量发展的实施意见（陕政发〔2021〕8 号） |
| 22 | 成都市科技局 | 2023 年 9 月 28 日 | 成都市"企业创新积分制"工作实施方案（试行）（成科字〔2023〕58 号） |

第六章

科技企业创新能力评价
理论基础

## 第一节　高质量发展的内涵

高质量发展是一种全新的发展理念，它是一种立足根本、掌控全局、着眼未来的发展方向和发展目标。高质量发展是为了应对复杂的内外环境、破解当前的发展难题，在全面判断时代环境、充分发挥制度优势的基础上，旨在优化经济结构、转换发展模式、提升发展动力的宏观战略。高质量发展，是能够很好满足人民日益增长的美好生活需要的发展，是体现新发展理念的发展，是使创新成为第一动力、协调成为内生特点、绿色成为普遍形态、开放成为必由之路、共享成为根本目的的发展。推动高质量发展，既是保持经济持续健康发展的必然要求，也是适应我国社会主要矛盾变化和全面建成小康社会、全面建成社会主义现代化强国的必然要求，更是遵循经济规律发展的必然要求。

党的二十大报告指出："强化企业科技创新主体地位，发挥科技型骨干企业引领支撑作用，营造有利于科技型中小微企业成长的良好环境，推动创新链产业链资金链人才链深度融合。"这些重要论述，明确了强化企业科技创新主体地位的战略意义，深化了对创新发展规律的认识，完善了创新驱动发展战略体系布局，为新时代新征程更好发挥企业创新主力军作用指明了方向。这也体现了企业尤其是科技企业对支撑高质量发展的重要作用。

# 第二节　科技企业的范围界定

科技企业一般分为两类：一类是通常意义上的科技企业，主要从事信息、电子、生物工程、新材料、新能源等技术产业领域的产品和新技术的开发、应用；另一类是以客户信息和偏好开发供应链管理或特许经营、知识密集为特征的公司。它们的特点如下。

在要素结构上，从事技术和产品开发设计的科技人员、专业人员占总职工人数的比例较高；R&D（研究与试验发展）经费占企业收入的比例较高，将 R&D 经费计入企业成本已是惯例。此外，这些企业通常把相关的劳动密集型业务委托外包出去。

在主营方向上，科技企业主要从事业界认可或有关部门的产品目录中明确的技术产业领域的业务。它们多利用新的经营手段开辟新的市场，不是依靠低成本的劳力，而是依靠对客户的理解赢得市场和高回报。

在组织特征上，大多数科技企业的组织都是扁平、哑铃型的。原因是这类企业的核心业务是研究开发、营销运作或客户关系管理、技术或产品的集成，它们重视采用 OEM 运营模式，把大部分劳动密集型业务予以外包，从而压缩了内部科层机构。

在高成长性上，企业的产品或服务一旦在市场上获得成功，依赖于技术诀窍、领先技术、对知识产权的保护、品牌知名度，这些企业能有明显的市场份额。产品和服务的附加值较高，企业可以快速成长。

# 高质量发展下的科技企业创新能力评价的范围界定

党的二十大报告提出"强化企业科技创新主体地位"，这使得企业在国家创新体系中的地位、角色、使命、任务都发生了很大变化。企业作为技术创新主体，要解决技术问题；同时它也是科学研究主体，在新方法提出、新科研范式形成、新领域研究、新现象解释等方面，在相关成果转化成技术、转化成高科技产业的各个阶段，都要发挥企业在科技创新方面的主体作用。因此，我们更应充分认识和理解高质量发展下强化企业科技创新主体地位的重大意义。

强化企业科技创新主体地位是实现高质量发展的内在要求。实现高质量发展，要牢牢把握第一动力——创新，大力实施创新驱动发展战略，将关键核心技术掌握在自己手里，推动科技创新转化为现实生产力。企业是市场主体和经济社会发展的重要力量，企业创新已经成为我国科技创新事业的重要策源地，为国民经济发展、社会进步、国家安全和人民生活质量改善做出了重大贡献。要充分发挥科技创新在高质量发展中的引领作用，不断强化企业科技创新主体地位，持续提升企业创新能力，支撑发展方式从规模速度型向质量效益型转变，塑造发展新动能新优势。

强化企业科技创新主体地位是构建新发展格局的迫切需要。构建新发展格局，要紧紧抓住创新这个牵动经济社会发展全局的"牛鼻子"，把握新一轮科技革命和产业变革的历史机遇，抢收新科技浪潮的"科技红利"。强化企业科技创新主体地位，提升企业创新能力，是提高产业链供应链现代化水平的需要，也是畅通国内国际双循环的需要。只有不断强化企业科技创新主体地位，才能增强工业体系和产业体系的活力和竞争力，不断催生新市场和新需求，培育形成完整内需体系，加快构建新发展格局。

强化企业科技创新主体地位是提升国家创新体系整体效能的关键所在。提升国家创新体系整体效能，要始终坚持创新在现代化建设全局中的核心地位，把科技自立自强作为国家发展的战略支撑。企业在国家创新体系中占有十分重要的地位，加强企业主导的产学研深度融合，有利于加快科技成果向现实生产力转化，提升产业化水平，发挥创新要素集聚效应，构建协同高效创新体系。要完善科技创新体制机制，强化企业科技创新主体地位，优化创新布局，推动创新链产业链资金链人才链深度融合，更好地把科技力量转化为产业竞争优势，提升国家创新体系整体效能。

企业创新积分制这一新型科技金融政策工具作为新时期贯彻落实党的二十大关于"强化企业科技创新主体地位"的有益探索和生动实践，通过对科技企业创新能力进行科学评价，依据评价结果引导各类创新要素向企业集聚，以支持和服务科技企业创新发展，对推动科技资源、产业需求、金融要素三者间的有效融合，加强对企业创新的赋能支持，有效满足企业尤其是初创期科技企业的融资需求和现实需要的作用显著。因此，科学地评价和筛选出优秀的科技企业，为其发展赋能以支撑经济高质量发展的意义重大。基于以上论述，本书认为高质量发展下的科技企业创新能力评价的范围界定遵循以下几项原则。

一是科技企业范围为国家认定的高新技术企业、科技型中小企业，以及关键核心技术符合国家重点支持的高新技术领域的企业。二是评价指标以突出对企业创新能力的评价，注重对企业成长经营能力的考察为导向，强化对初创期科技企业的价值发现作用。三是企业应表现出较强的科技属性，例如企业研发费用占营业收入的比例、研发费用金额、科技人员占职工总数的比例、高新技术产品与服务收入等核心指标数据不能为零。

## 第四节　企业创新能力评价理论与方法

### 1. 企业创新能力评价理论

关于企业创新能力评价与指标体系建设，国外学者提出了不同的观点。Barton 从企业主体视角出发，认为企业创新能力由员工的知识和技能、技术水平、管理能力、科技意识和价值规范等组成。Terziovski 基于创新的系统集成和网络模型，从创新投入、创新流程、创新产品和创新战略 4 个方面测评组织的创新能力。国内学者也提出一些观点，魏江等将企业创新能力要素分解为创新决策能力、研发能力、生产能力、市场营销能力和组织能力。傅家骥认为企业创新能力包括创新资源投入能力、创新管理能力、创新倾向、研究开发能力、制造能力和营销能力。龙艺璇等人采用隐含狄利克雷分布（Latent Dirichlet Allocation，LDA）模型对 250 篇与企业创新能力评价相关的文章进行了主题调研，他们总结出目前主流文献主要围绕 4 个维度对企业创新能力展开评价，即技术创新投入能力、技术创新产出能力、技术创新环境支撑能力和技术创新管理能力。

## 2. 企业创新能力评价方法

国内外专家学者对于企业创新能力评价方法的研究主要集中于层次分析法、模糊综合评判法、功效系数法、综合指数法、密切值法和指标倍数法等；从方法运用的角度分类，可概括为单一的评价方法和相对综合的评价方法两大类。

单一的评价方法是指采用单个方法对企业创新能力进行评价。国内外专家学者采用的单一的评价方法包括以下几种：美国运筹学家 Saaty 提出的层次分析法（Analytic Hierarchy Process，AHP），曹萍等人采用的网络分析法（Analytic Network Process，ANP），Guido Capaldo 等人提出的基于模糊逻辑的方法，柏昊等人采用的主成分分析法，段婕、吴永林等人采用的因子分析法。

相对综合的评价方法是指将两种及以上方法相结合，取长补短、相互协调，以达到更加精准地评价企业创新能力的目的。国内的专家学者中，陈芝等人利用 AHP，并结合 BP（Back Propagation，反向传播）神经网络对企业创新能力进行评价；卢怀宝等人采用二次相对评价法，形成基于 AHP 和 DEA（Data Envelopment Analysis，数据包络分析）的综合评价法；柳飞红等人采用不确定性模糊 AHP，通过简单的两两比较的评判结果进行综合计算处理；郭彩云和刘志强在分析国内外企业自主创新相关理论研究现状的基础上，将 AHP 与隶属度转换算法相结合，构建了科技型中小企业自主创新能力评价模型，力图为决策者科学合理评价科技型中小企业的自主创新能力提供有益参考。

此外，多指标综合评价的一个至关重要的问题是如何把性质、量纲各异的不同指标代入相对数的计算过程。在多指标综合评价的过程中，由于各指标的量级或单位不一致，各指标无法客观反映企业创新的真实水平，因此需要对被评价对象的原始指标数据做无量纲化处理。不同的无量纲化方法在处理指标数据时均有不同的适用条件，同时，不同的无量纲化方法对指标权重及综合评价结果均会产生重大影响。企业创新积分制作为企业创新分类指导、政策制定和科技体制改革的重要支撑，要充分发挥引导和推动作用，因此，选取合适的无量纲化方法是计算企业积分的关键。

第七章

---

企业创新积分制的
理论体系梳理

## 第一节　评价指标体系构建过程及原则

### 1. 评价指标体系构建过程

在经济全球化的背景下，各国经济发展迎来了各种机遇和挑战，国家科技创新能力的积累决定了各国经济的可持续发展水平，各国也更加重视创新发展战略的实行，创新成为各国经济发展的重中之重，是各国竞争的焦点所在。近年来，各国也开始重视对创新能力的评价，一些国际权威机构从不同维度对创新能力展开评价研究，可以从评价主体这一角度将创新能力评价报告分为针对国家或经济体、城市、园区和企业这 4 类。

科技部对《全球创新指数》《欧盟产业研发投入记分牌》等 20 余项国内外主要创新能力评价报告（见附录 D）进行深入调研分析，对科创板、创业板、新三板上市标准（见附录 G、附录 H、附录 I）进行对比研究。从评价内容来看，有的报告仅评价研究对象的科技创新能力；有的报告则对研究对象的综合能力进行考察，例如《全球竞争力指数》等。从评价主体来看，国内外组织机构较少关注对企业创新能力的评价，更加侧重于对园区、城市或是国家的整体综合能力的评价。相对来说，我国发布了更多针对各类型企业认定标准的报告，其中也包括对企业创新能力的评价。从指标构建来看，评价报告设置了两级或两级以上的评价指标，在这些指标中，更多的是可以直接衡量创新投入和创新成果的指标，例如研发费用、专利数量等。但评价报告对评价主体未来发展状况的关注有限，衡量企业成长经营能力的指标数量远少于衡量企业创新能力的指标数量，长期可持续的成长经营能力是创新能力持续发展的首要前提，缺少对成长经营能力的评价就无法合理评估评价主体创新能力的持续性。

我国经济发展正处在转变发展方式、优化经济结构、转换增长动力的攻关期，各区域各产业的企业发展也更具有个性、特色。以往对不同区域、不同发展阶段的企业进行评价，使用的是同一套指标，这种评价方式已不适合当下的发展阶段。企业创新积分制在汲取上一阶段工作成果的基础上，根据企业发展特征，分区域、分产业、分阶段对企业创新能力进行画像，形成了一套更全面、更科学、更合理的评价指标体系。该评价指标体系不仅细化了产业，根据产业特征差异化设置指标权重，也提出了"产业＋区域"的评价指标体系概念，各地方管理部门可以在企业创新积分制的基础上结合区域发展的特征、当地经济产业的发展情况，构建具有特色的"产业＋区域"的积分模型。

结合以上对国内外主要创新能力评价报告的调研以及对企业创新能力进行评价的指标应用现状来看，应从技术创新指标、成长经营指标和辅助指标3个方面构建评价指标体系。因此，科技部在充分参考借鉴国际和国内创新能力评价实践基础上，结合近两年国家高新区试点经验，从指标的价值发现性、可获取性、可比较性、可量化性和可解释性等方面，研究制定了量化评价企业创新能力的核心指标，重点突出对企业关键核心技术创新能力方面的评价。科技部将核心指标面向企业、国家高新区、地方政府、银行类金融机构、投资机构、科研院所、高等院校等广泛征求了意见，并邀请相关人士及团队对核心指标进行了充分论证，提出了优化建议。核心指标遵循系统性与独立性相协调、总量指标与相对指标相平衡、导向性与可扩展性相结合的原则，共涵盖3类一级指标和18项二级指标（见表7.1）。其中，技术创新指标侧重衡量企业的研发投入和研发成果的情况；成长经营指标重点关注企业创新发展的可持续性；辅助指标从企业参与的科技创新活动等方面来评价企业创新能力，以弥补技术创新指标和成长经营指标评价不充分的地方。

表 7.1　企业创新积分核心指标及解释（2022 年）

| 一级指标 | 二级指标 | 数据年限 | 指标解释 | 数据来源部门参考 |
|---|---|---|---|---|
| 技术创新指标（7 项） | 研发费用金额 / 万元 | 近两年 | 研发费用主要包括研发活动的人工费用，直接投入费用，用于研发活动的仪器、设备的折旧费，用于研发活动的软件、专利权、非专利技术的摊销费用，新产品设计费，新工艺规程制定费以及其他研发活动相关费用 | 税务部门 |
|  | 研发费用增速 /% | 当年 | 填报期内企业研发投入增加额占上年研发投入总额的比例 | 税务部门 |
|  | 研发费用占营业收入的比例 /% | 当年 | 填报期内企业研发投入总额占营业收入总额的比例 | 税务部门 |
|  | 科技人员占职工总数的比例 /% | 当年 | 填报期内企业参加科技项目活动的人员总数占企业从业人员期末数的比例 | 科技部门 |
|  | 与主营业务相关的发明专利申请量 / 件 | 当年 | 填报期内企业作为第一申请人向境内外知识产权行政部门提出的与主责主业相关的发明专利申请被受理后，按规定缴足申请费，符合进入初步审查阶段条件的发明专利数量 | 市场监管部门 |
|  | 与主营业务相关的 PCT 专利申请量 / 件 | 当年 | 填报期内企业作为第一申请人提出的与主责主业相关的 PCT 专利数量 | 市场监管部门 |

续表

| 一级指标 | 二级指标 | 数据年限 | 指标解释 | 数据来源部门参考 |
|---|---|---|---|---|
| 技术创新指标（7项） | 技术合同成交额/万元 | 当年 | 填报期内企业吸纳和输出的技术合同（开发合作、转让合同）成交总额 | 科技部门 |
| 成长经营指标（6项） | 高新技术产品与服务收入/万元 | 当年 | 填报期内企业生产的符合国家和省高新技术重点范围、技术领域和产品参考目录的全新型产品，或省内首次生产的换代型产品，或国内首次生产的改进型产品，或创新产品等具较高的技术含量和较高的附加值的产品所形成的销售或服务收入 | 税务部门 |
| | 营业收入/万元 | 近两年 | 填报期内企业从事主营业务或其他业务所取得的收入总额 | 税务部门 |
| | 营业收入增长率/% | 当年 | 填报期内企业营业收入增加额占上年营业收入总额的比例 | 税务部门 |
| | 研究生学历人员占比/% | 当年 | 填报期内企业中接受的最高一级教育为研究生教育并取得毕业证书或获得硕士、博士学位证书的人员（不包括肄业、结业、在读或辍学人员）总数，占企业从业人员期末数的比例 | 科技部门 |
| | 研发费用加计扣除所得税减免额/万元 | 当年 | 填报期内企业按照有关政策和税法规定税前加计扣除的研发活动费用所得税，按填报期当年税务部门实际减免的税额填报 | 税务部门 |
| | 净利润率/% | 当年 | 填报期内企业经营所得的净利润占主营业务收入的百分比，或占投入资本额的百分比 | 科技、税务、市场监管部门 |
| 辅助指标（5项） | 吸纳应届毕业生人数/人 | 当年 | 填报期内企业在境内各类高校毕业生中招收的应届毕业生（包含国家承认的大专学历毕业生）人数 | 科技、人社部门 |

续表

| 一级指标 | 二级指标 | 数据年限 | 指标解释 | 数据来源部门参考 |
|---|---|---|---|---|
| 辅助指标（5项） | 近两年承担建设省级及以上研发或创新平台数量／项 | 近两年 | 企业近两年获批的省级及以上重点实验室、工程中心等的数量 | 科技、发改、工信部门 |
| | 近两年获得省级及以上科技奖励数量／项 | 近两年 | 企业作为第一单位近两年获得的省级及以上科技奖励数量 | 科技部门 |
| | 近两年承担省级及以上科技计划项目数量／项 | 近两年 | 企业作为牵头单位近两年承担的省级及以上科技计划项目数量 | 科技部门 |
| | 近三年获得风险投资金额／万元 | 近三年 | 企业近三年获得创投机构、风险投资机构的投资金额 | 科技、发改部门 |

## 2. 评价指标体系构建原则

企业创新积分制通过量化各企业的综合创新能力来对企业创新能力进行评分和排名，科学的评价指标体系才能够合理有效地对不同规模、不同行业的企业进行评价。在构建评价指标体系时，仅关注技术创新能力和成长经营能力两方面不足以对企业创新能力进行全面评价，因此加入辅助指标作为补充，有助于对企业创新能力进行更加精准和全面的画像。从企业成长周期来看，评价指标体系也更关注初创期企业，将企业成长周期划分为初创期、成长期和稳定期3个阶段，根据企业在各阶段的发展特征赋予指标差异化的权重，例如初创期企业的技术创新和成长经营指标的权重均大于成长期和稳定期的企业，这是考虑了初创期企业轻资产、规模较小的特点。基于以上考量，最终形成了一套重点突出技术创新能力，重视成长经营能力，通过辅助指标更全面、更精准地反映企业创新能力的企业创新积分评价指标体系。同时，企业的创新活动是复杂的过程，想要科学有效地评价企业创新能力的真实现状和发展情况，反映企业综合创新能力，必须遵循评价指标体系的构建原则，具体构建原则如下。

（1）符合高质量发展的需求

评价指标体系的设计需引导企业迈向高质量发展阶段，符合国家全面建成社会主义现代化强国的战略安排。我国经济发展目前进入新阶段，已由高速增长阶段转向高质量发展阶段。转变发展方式、优化经济结构、转换增长动力，都对企业提出了更高要求。在高质量发展阶段，企业作为科技创新主体要提升核心竞争力、提高专利质量、加大研发投入，力争在基础研究领域做出大的创新、在关键核心技术领域取得大的突破。该评价指标体系通过技术创新指标、成长经营指标以及辅助指标激发企业的创新动力，切实强化企业科技创新主体地位，助力经济实现高质量发展。

同时，评价指标体系的设计需要高质量推进创新型城市的建设。企业创新积分评价指标体系的构建可以有效加强城市/园区的科技创新引领作用，凝聚城市/园区的各类科技创新资源，助推城市/园区的开放创新发展。

（2）价值发现性

在评价企业创新能力时，不仅要对企业的创新能力现状进行分析，也要把能够影响创新能力的因素都考虑在内。例如该评价指标体系将企业成长周期分成初创期、成长期、稳定期3个阶段，初创期企业规模小、资产少、资源不多，难以获得金融机构的融资，但若通过企业创新积分制让企业获得了较好的积分排名，通过企业创新积分制为企业背书，便可以帮助企业发掘潜在价值，解决融资难、融资贵的问题。

（3）可获取性

指标的选择与指标体系的建立不仅要考虑指标是否可以满足企业创新积分制的要求，还要充分考虑获取各指标数据的难易程度，并保证数据完备及数据来源真实可靠，避免因数据获取渠道的不统一而造成评价的不准确。

（4）可比较性

企业的创新能力是多重因素共同作用产生的结果，受内部和外部多种因素的共同影响。评价指标体系应该要普遍适用，在空间和时间上保持一致，确保全国各企业之间的可比较性。

（5）可量化性

评价指标体系的设计也要注重可量化性。该指标体系针对国家及省级高新区的科技企业、高新技术企业、科技型中小企业，选取的指标应当具有可量化性，才能让各企业都真实可靠地评估自身的创新能力，便于转化的定量指标也方便企业参考。

（6）可解释性

评价指标体系的设计应该如实反映企业的创新能力，技术创新指标、成长经营指标和辅助指标的分类标准及对应二级指标的设定要合理规范，确保选取的指标可以准确地评估企业的创新能力，保证评估结果的可解释性。

## 3. 评价指标

（1）技术创新指标

为了评价企业的创新能力，最直接的方式就是衡量其在创新研发方面的投入以及最终的创新结果。结合国内外的创新能力评价报告，评价技术创新能力的指标多达 20 多项，在分析这些指标的使用频次后筛选出使用最广泛的前 10 项指标，最终结合专家经验、调查问卷分析结果及我国企业的发展情况，从中选择了 7 项指标作为企业创新积分制中的评价企业技术创新能力的指标。技术创新指标包括研发费用金额、研发费用增速、研发费用占营业收入的比例、科技人员占职工总数的比例、与主营业务相关的发明专利申请量、与主营业务相关的 PCT 专利申请量、技术合同成交额。

1）研发费用金额

研发费用金额用于衡量企业在填报期内的创新研发投入，研发费用金额越高，代表企业在创新研发方面做出的努力越大。

2）研发费用增速

研发费用增速定义见公式（7.1）。该指标不仅可以量化企业创新研发能力的持续性，也可以反映企业研发投入结构的合理性。

$$研发费用增速 = \frac{填报期内企业研发投入增加额}{上年研发投入总额} \times 100\% \qquad （7.1）$$

3）研发费用占营业收入的比例

研发费用占营业收入的比例的定义见公式（7.2）。由于不同企业对创新能力的期望是不同的，企业创新研发所带来的价值也是存在差异的。为了使不同企业之间更具有可比较性，避免企业之间的差异性对创新能力评价的影响，选取该指标对企业创新能力进行评价。

$$研发费用占营业收入的比例 = \frac{填报期内企业研发投入总额}{营业收入总额} \times 100\% \qquad （7.2）$$

4）科技人员占职工总数的比例

科技人员占职工总数的比例的定义见公式（7.3）。企业进行创新研发活动不仅需要资金，也需要科技人员的能力支持，同时，创新研发的成果是科技人员劳动的产物，因此科技人员占职工总数的比例可以衡量企业对创新人才的投入。

$$科技人员占职工总数的比例 = \frac{填报期内企业参加科技项目活动的人员总数}{企业从业人员期末数} \times 100\%$$

（7.3）

5）与主营业务相关的发明专利申请量

发明专利是企业创新研发活动的成果，发明专利申请量可以客观地反映企业的科技创新能力。

6）与主营业务相关的 PCT 专利申请量

PCT 途径是当前最主要的国际专利申请渠道，它方便申请人在国际上寻求对其发明的国际专利的保护，PCT 途径是国际普遍认可的。使用该指标能够更加客观地衡量企业的科技创新能力与科技发展水平。

7）技术合同成交额

技术合同成交额是衡量科技成果转化水平的重要指标，可以反映企业技术交易的活跃程度，衡量企业创新研发成果的运用情况。

（2）成长经营指标

评价企业创新能力不仅要关注企业当前的科技创新水平，也要重视其科技创新能力的持续发展，而科技创新能力持续发展的首要前提是企业长期可持续的成长经营能力。6 项成长经营指标是在分析国内外创新能力评价报告的基础上，结合了专家经验、调查问卷分析结果及我国企业的发展情况，从国内外创新能力评价报告中使用最广泛的评价企业成长经营能力的前 10 项指标中选取出的。

1）高新技术产品与服务收入

高新技术产品与服务收入指标可以客观反映企业创新研发活动成果给企

业带来的收入。

2）营业收入

营业收入指标反映了企业的经营成果，营业收入关系企业生产活动，对该指标进行管理可以促使企业深入研究并了解市场需求变化，以便企业做出正确的经营决策。

3）营业收入增长率

营业收入增长率定义见公式（7.4），可衡量企业的经营状况和市场占有能力。

$$营业收入增长率 = \frac{填报期内企业营业收入增加额}{上年营业收入总额} \times 100\% \quad (7.4)$$

4）研究生学历人员占比

从业人员的专业能力会影响企业的持续经营，因此该指标在一定程度上反映了企业未来的经营发展能力。

5）研发费用加计扣除所得税减免额

研发费用加计扣除是国家为了促进企业技术进步而提出的税收优惠政策，可以减免企业的部分税额。该指标反映了企业在创新研发方面的投入力度。

6）净利润率

净利润率定义见公式（7.5）。该指标综合反映一个企业或一个行业的经营效率。

$$净利润率 = \frac{填报期内企业经营所得的净利润}{主营业务收入或投入资本额} \times 100\% \quad (7.5)$$

（3）辅助指标

为了更加精准地评价企业的创新能力，评价指标体系引入了辅助指标，设置了 5 项二级指标。国内外创新能力评价报告中也有对企业创新能力进行补充评价的指标。基于创新能力评价报告的使用目的，在筛选了其中使用最广泛的前 10 项指标后，结合专家经验、调查问卷分析结果及我国企业的发展情况，从中选择了 5 项指标作为企业创新积分评价指标体系中的辅助指标。

1）吸纳应届毕业生人数

应届毕业生是新鲜血液，吸纳应届毕业生可以在一定程度上提升企业未来的科技创新能力和成长经营能力。

2）近两年承担建设省级及以上研发或创新平台数量

该指标可以说明企业参与省级及以上平台研发的活跃程度，也体现了企业在研发或创新平台方面的成果。

3）近两年获得省级及以上科技奖励数量

该指标反映了企业参与省级及以上科技活动的活跃程度以及企业的科技创新能力。

4）近两年承担省级及以上科技计划项目数量

该指标可以反映企业是否积极参与了科技计划项目，也可以辅助衡量企业的科技创新能力。

5）近三年获得风险投资金额

风险投资可以在一定程度上帮助企业解决科技创新融资的问题，能够帮助企业提升科技创新能力，该指标可以辅助衡量企业的科技创新能力。

# 评价指标权重设置

在评价指标权重设置上，以突出对企业创新能力的评价、注重对企业成长经营能力的考察为导向，综合采用了"逐级等权"的赋权方式，在认真分析参考了 730 余份有效"核心指标相对重要性调查问卷"结果及行业专家咨询意见的基础上，初步确定了 3 类一级指标及 18 项二级指标的参考权重赋值（见表 7.2）。在此基础上，依据熵值法对积分企业指标数据的综合测算分析结果，通过计算各指标的信息熵，根据指标的相对变化程度对系统整体的影响来决定指标的权重，变化程度大的指标具有较大的权重。针对不同领域的企业，以表 7.2 所示的通用赋分权重为主，以熵值法计算的各指标权重占比为辅，对不同领域同一指标权重占比进行对比分析。以此为依据对表 7.2 所示的通用赋分权重按领域进行适应性改进，突出各领域的特征。

科技部按照电子信息、航空航天、新材料、高技术服务、新能源与节能、资源与环境、先进制造与自动化、生物与新医药等国家重点支持的高新技术领域制定了 8 套差异化的企业创新积分评价指标体系（见附录 C）。积分指标及权重面向社会全面公开，以增强创新积分的透明度、推广性和影响力。

表 7.2　企业创新积分核心指标权重设置（参考标准）

| 序号 | 一级指标 | 二级指标 | 二级指标权重 | | |
|---|---|---|---|---|---|
| | | | 成立时间 ≤ 5 年 | 5 年 < 成立时间 ≤ 10 年 | 成立时间 >10 年 |
| | | | 初创期 | 成长期 | 稳定期 |
| 1 | 技术创新指标（7 项） | ☆ 研发费用金额 / 万元 | 0.08 | 0.08 | 0.08 |
| 2 | | ☆ 研发费用增速 /% | 0.06 | 0.05 | 0.04 |
| 3 | | ☆ 研发费用占营业收入的比例 /% | 0.08 | 0.07 | 0.06 |
| 4 | | ☆ 科技人员占职工总数的比例 /% | 0.08 | 0.07 | 0.06 |
| 5 | | ☆ 与主营业务相关的发明专利申请量 / 件 | 0.07 | 0.07 | 0.07 |
| 6 | | ☆ 与主营业务相关的 PCT 专利申请量 / 件 | 0.06 | 0.06 | 0.06 |
| 7 | | ☆ 技术合同成交额 / 万元 | 0.06 | 0.05 | 0.04 |
| | | 小计 | 0.49 | 0.45 | 0.41 |
| 8 | 成长经营指标（6 项） | ☆ 高新技术产品与服务收入 / 万元 | 0.05 | 0.05 | 0.05 |
| 9 | | ☆ 营业收入 / 万元 | 0.05 | 0.05 | 0.05 |
| 10 | | ☆ 营业收入增长率 /% | 0.06 | 0.05 | 0.04 |
| 11 | | ☆ 研究生学历人员占比 /% | 0.05 | 0.04 | 0.03 |
| 12 | | ☆ 研发费用加计扣除所得税减免额 / 万元 | 0.06 | 0.06 | 0.06 |
| 13 | | ☆ 净利润率 /% | 0.05 | 0.06 | 0.07 |
| | | 小计 | 0.32 | 0.31 | 0.30 |
| 14 | 辅助指标（5 项） | ☆ 吸纳应届毕业生人数 / 人 | 0.03 | 0.04 | 0.05 |
| 15 | | ☆ 近两年承担建设省级及以上研发或创新平台数量 / 项 | 0.05 | 0.06 | 0.07 |
| 16 | | ☆ 近两年获得省级及以上科技奖励数量 / 项 | 0.04 | 0.05 | 0.06 |
| 17 | | ☆ 近两年承担省级及以上科技计划项目数量 / 项 | 0.04 | 0.05 | 0.06 |
| 18 | | ☆ 近三年获得风险投资金额 / 万元 | 0.03 | 0.04 | 0.05 |
| | | 小计 | 0.19 | 0.24 | 0.29 |
| | | 总权重 | 1.00 | 1.00 | 1.00 |

# 积分企业数据汇集及质量审核

企业创新积分制使用的所有高新区内的科技企业、高新技术企业、科技型中小企业等企业的数据须是法定合规数据，同时对数据获取过程的规范性与科学性提出明确要求。国家及省级高新区、地方科技管理部门负责数据获取并对数据质量进行审核把关。科技部通过外部数据多源匹配、内部数据结构核查等方式对数据进行有效核验，对八大领域、各地方高新区企业的相关指标数据进行基础统计分析、外援数据验证，采用标准差异常检测、孤立森林异常检测以及逻辑判断异常检测 3 种方法进行交叉验证，识别各企业可能存在异常的数据维度。

（1）标准差异常检测

标准差是方差的算术平方根，能够更直观地体现随机变量的偏离程度，检测到偏离的异常值。

通过计算标准差，检测各指标数据中偏离较大的异常企业数据。对全局标准差异常检测、省级粒度标准差异常检测、行业粒度标准差异常检测的结果进行合并去重，得到最终的标准差异常检测结果。

（2）孤立森林异常检测

孤立森林算法利用异常样本在决策树上距离根节点更近的原理，隔离、判断异常值。孤立森林异常检测适用于高维数据集，是一种非常有效的异常检测方法。

计算全局指标、费用类指标、人员类指标以及专利类指标的孤立森林异常分数，经合并去重后得到孤立森林异常检测结果。

（3）逻辑判断异常检测

在运用上述两种异常检测方法的基础上，根据原始指标数据特点，设定逻辑判断规则（见表7.3），检测各企业数据中关联数据的逻辑异常问题。

表 7.3　逻辑判断规则

| 判断规则 | 判断指标 |
| --- | --- |
| 是否为整数 | 科技人员数量 |
| | 从业人员期末数 |
| | 吸纳应届毕业生人数 |
| 是否小于从业人员期末数 | 科技人员数量 |
| | 吸纳应届毕业生人数 |
| 是否大于 500 件 | 与主营业务相关的发明专利申请量 |

## 第四节　企业创新积分量化评价

企业创新积分制按照企业不同成长阶段、不同行业领域分别量化企业创新积分。考虑到企业样本量及同一指标下数据值差异较大，在积分量化时应最大限度地减少指标数据异常值或极端值对积分量化结果的影响，同时需要兼顾不同指标数据间的可比较性、积分量化结果的科学性和稳定性。科技部在对比研究了多种指标数据异常值识别、极端值调整和标准化处理方法的基础上，选择了基于极端值调整的极值法作为指标数据的标准化处理方法，对前两批59家试点高新区内的积分企业的客观指标数据进行了标准化处理与创新积分量化，并将结果以"百分制"形式表示。具体量化过程包括极端值的判断标准、极端值的识别方法、优化后的极端值识别方法、基于极端值调整的极值法积分量化和积分量化结果合理性检验。

**第五节**

# 基于企业创新积分制的科技企业
# 创新能力影响机制研究

企业创新积分制创新性地将机器学习算法更高精确度的优势以及回归分析强解释性的优势相结合，用机器学习算法对全部指标进行建模预测，并将其作为特征变量选择的前置步骤，筛选出具有较高重要性的特征，再用线性回归进一步建模，深入探索重要指标对于积分企业高新技术产品与服务收入的影响机制，挖掘驱动因子，进一步优化完善评价指标体系及权重设置。

为进一步挖掘科技企业创新能力提升的驱动要素，基于科技部于 2022 年收集的 70 013 万家科技企业 2020—2021 年的数据样本，将企业高新技术产品与服务收入作为衡量企业创新能力和成长潜力的指标，利用 XGBoost 算法挖掘对高新技术产品与服务收入预测有重要贡献的特征变量（见图 7.1）。

根据 XGBoost 算法输出的特征重要度结果，分别对 7 项技术创新指标、6 项成长经营指标，以及辅助指标中近三年获得风险投资金额指标做了进一步的数据挖掘分析，结果表明所有变量之间的相关性系数均小于 0.85，变量两两之间不存在较强相关性。

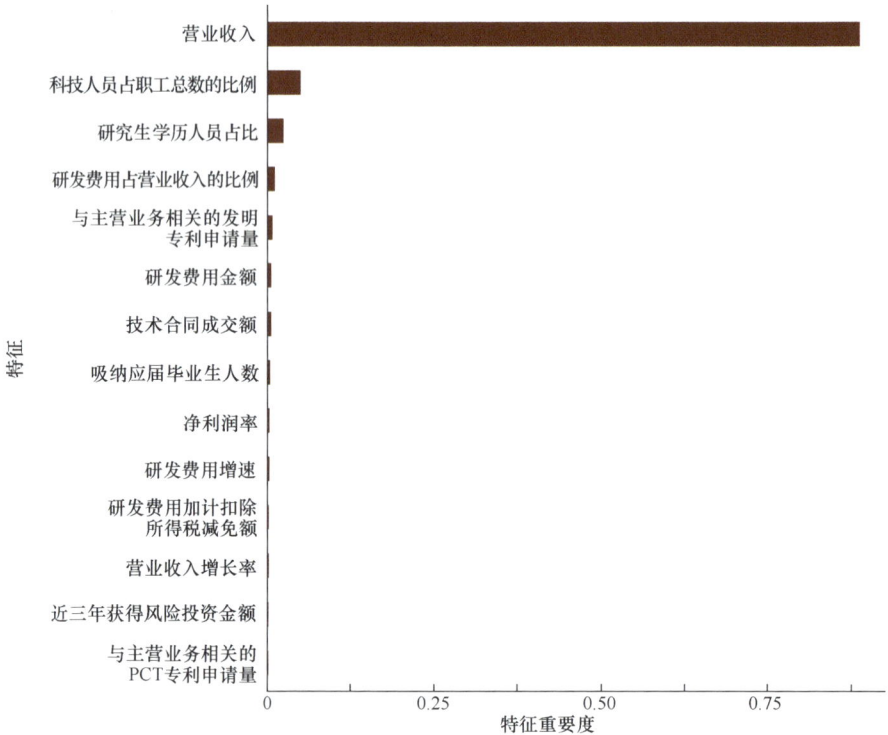

图 7.1　XGBoost 算法输出的特征重要度

　　进一步建模探究以上特征对于高新技术产品与服务收入的影响的内在机制，量化重要特征对于目标变量的内在影响机制，旨在为提升科技企业创新能力提供相关政策建议，并为对科技企业进行投融资支持提供相关参考依据。

第八章

———

对企业创新积分制
未来的思考

# 推动企业创新积分制纵深发展的总体战略

**第一节**

在现有企业创新积分制与银行类金融机构合作，通过金融要素为积分企业赋能为主的创新积分应用场景的基础上，进一步深度拓展创新积分应用场景是这一新型科技金融政策工具有效赋能科技企业创新发展的关键。因此，应进一步在全国范围内加快实施企业创新积分制，催生更多企业培育新场景，丰富培育手段，以数据驱动企业培育更精准、更智能、更高效，加速企业茁壮成长；在新发展形势下，让地方政府越来越深刻地认识到企业创新积分制的价值，让越来越多的城市和区县主动加入实施企业创新积分制的阵容中来。

下一步，企业创新积分制将以提质扩面、规范实施为工作重点，提炼全国性企业科技创新属性评价标准，面向更多行政区、功能区推广实施；持续拓展创新积分应用场景，主动使更多资源向优秀积分企业集聚，最大限度释放新型科技金融政策工具效能，努力为提升科技企业创新能力、助力高水平科技自立自强贡献力量。推动企业创新积分制纵深发展的总体战略具体包括以下几方面。

第一，将企业创新积分制提炼为全国性企业科技创新属性评价标准。深入落实《加大力度支持科技型企业融资行动方案》，进一步完善企业创新积分制的评价指标和量化模型，将积分制凝练提升为企业科技创新属性评价标准，推动建立全国统一的企业科技创新属性评价体系。

第二，在全国全面推广实施企业创新积分制。面向全国各地方推广实施企业创新积分制，推动积分制工作从高新区向各行政区、功能区覆盖，不断完善积分制工作指引，指导和服务各地方规范化、标准化、科学化开展工作。

第三，持续拓展创新积分应用场景。主动推动更多财税政策、科技资源、人才资源、产业资源等向优秀积分企业集聚。在与银行合作做强做优"积分贷"的基础上，着力打造"创新积分500企业"品牌，主动将优秀积分企业向头部创投机构、证券交易所定向推送，为优秀企业主动增信，引导各类金融资源综合赋能积分企业。

第四，健全金融风险和数据安全防控机制。明确各金融机构参考企业创新积分，按照市场化、商业化原则加大对优秀积分企业的支持力度。强化数据安全保障，确保企业创新积分应用合法合规，推动企业创新积分制工作持续健康发展。

## 第二节　促进企业创新积分制创新发展的建议

企业创新积分制已将全国几十家银行类金融机构、一百多家高新区、十万多家科技企业紧密联系起来，推动形成了全社会支持科技企业的强大合力，绘制出了让金融机构一目了然的"科创地图"和"企业画像"，让具有核心竞争力的科技型中小微企业脱颖而出，引导金融"活水"精准灌溉"硬科技"企业，总结出可复制可推广的机制模式，为我国现代化科技治理体系建设和创新政策改革探索提供了新的样本和典型案例。同时，针对企业创新积分制实施试点和相关政府管理部门，本书提出如下建议。

## 1.针对企业创新积分制实施试点层面

一是要加大力度主动整合本园区各类惠企支持政策，如税收优惠、科技计划、土地资源、人才落户、保障住房等与企业创新积分紧密衔接，主动运用、参考企业创新积分精准支持企业创新。二是扩大与银行类金融机构的合作范围，在做强做优"积分贷"的基础上，进一步加强与资本市场、创投机构等的对接合作，在股权投资或上市融资等方面，为优秀积分企业赋能。三是积极推动优秀积分企业与园区内产业资源对接，为优秀积分企业的新技术、新产品提供应用场景，引导领军企业与优秀积分企业建立产业链供应链合作，促进科技初创企业加快发展。四是稳步扩大覆盖企业范围，通过企业创新积分制进一步加强对园区内企业的分层管理、分类指导和差异化服务，提升园区自身的数字化治理能力和现代化管理水平。

## 2.针对政府管理部门层面

一是推动企业创新积分制提质扩面，通过加强顶层设计、管理服务与政策宣贯，从高新区开始，进一步面向全国行政区和功能区扩大企业创新积分制试点实施范围，让企业创新积分服务赋能更多科技企业创新发展。二是从"总对总"层面拓展创新积分应用场景，例如应用企业创新积分制对全国高新技术企业创新能力进行量化评价，依据"创新积分制"筛选形成备选企业名单，探索建立企业创新积分制有效服务国家科技创新再贷款政策常态化高效实施的工作协同机制，引导金融机构更加精准地支持科技企业创新，支持国家科技创新再贷款政策高水平实施。三是进一步优化完善企业创新积分量化体系，探索构建更具"区域＋产业"特色的多层分类差异化企业创新能力评价体系，重点聚焦"硬科技"企业和实体经济，更早期、更精准地识别和支持成长潜力大、创新能力强的科技企业，尤其是科技初创企业。四是探索建立面向政府部门、试点高新区、金融机构、投资机构、积分企业等综合应用的"全国科技金融信息服务平台"，推动实现集积分企业数据汇通、指标数据统计分析、创新积分一键生成、创新能力精准画像、各类惠企政策在线查询与快速申请、积分政策成效分析等平台功能于一体，助力新型科技金融政策工具信息化、便捷化、高效化实施推广。五是从"创新积分500企业"的区域分布、核心指标数据结构、研发投入及创新活动等多维度加强对积分企业的数据统计分析，提供相关结果供政府部门、试点高新区、积分企业等参考。

# 附　录

# 技术领域分析："创新积分 500 企业" 行业赛道分析

## A1　高技术服务领域"创新积分 500 企业"不同成长阶段分布情况

图 A.1 所示为高技术服务领域"创新积分 500 企业"不同成长阶段分布情况。

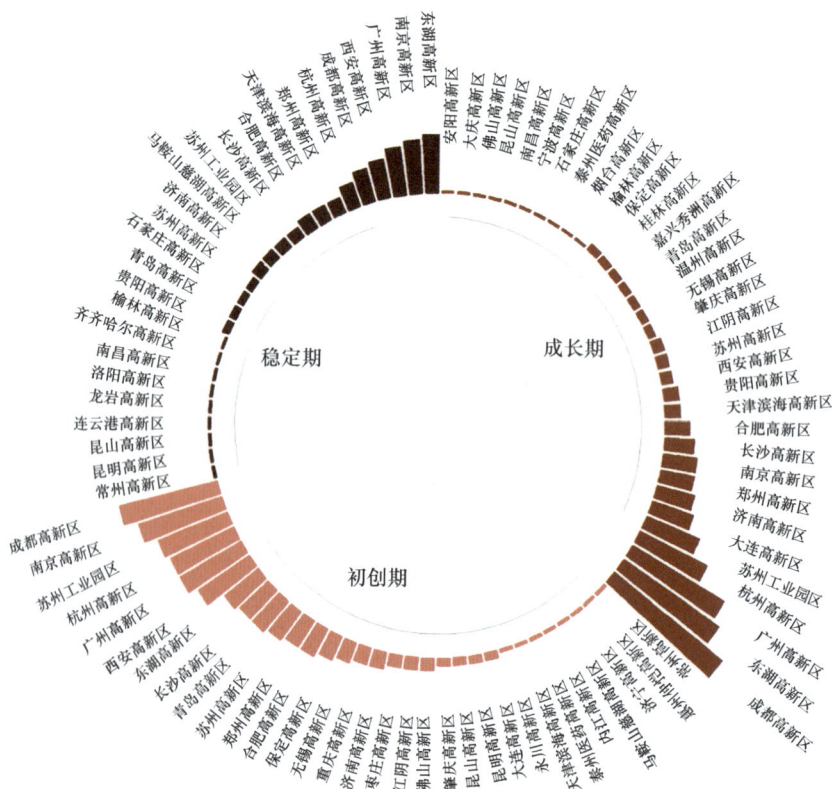

图 A.1　高技术服务领域"创新积分 500 企业"不同成长阶段分布情况

从初创期来看，如图 A.2 所示，拥有高技术服务领域"创新积分 500 企业"最多的是成都高新区，共 23 家；南京高新区排名第二，共 20 家；排名第三的是苏州工业园区，共 17 家。

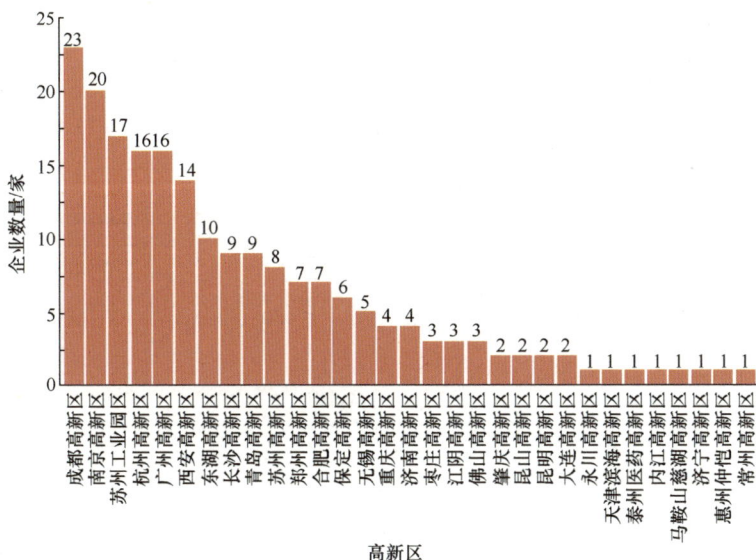

图 A.2　高技术服务领域"创新积分 500 企业"初创期分布情况

从成长期来看，如图 A.3 所示，拥有高技术服务领域"创新积分 500 企业"最多的是成都高新区，共 31 家；排名第二的是东湖高新区，共 26 家；排名第三的是广州高新区，共 24 家。

从稳定期来看，如图 A.4 所示，拥有高技术服务领域"创新积分 500 企业"最多的是东湖高新区，共 13 家；其次是南京高新区，共 12 家；排名第三的是广州高新区，共 11 家。

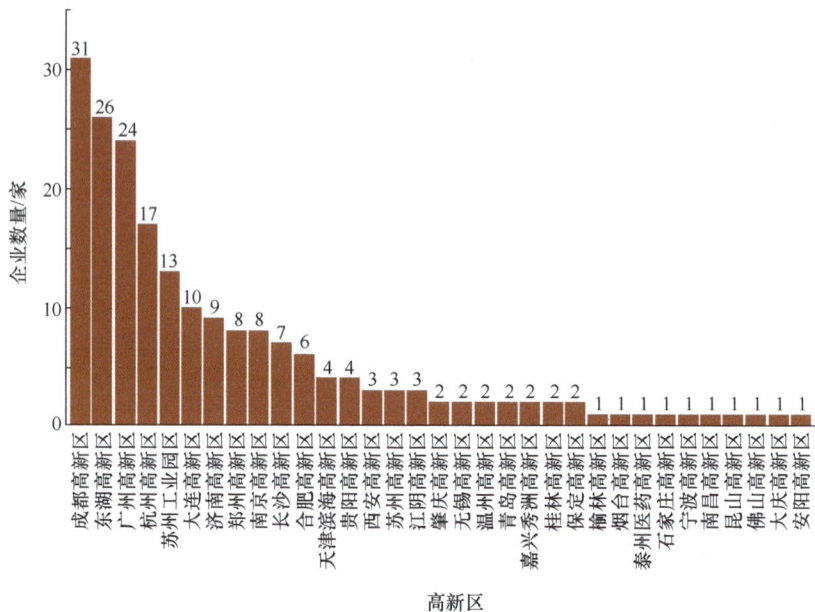

图 A.3 高技术服务领域"创新积分 500 企业"成长期分布情况

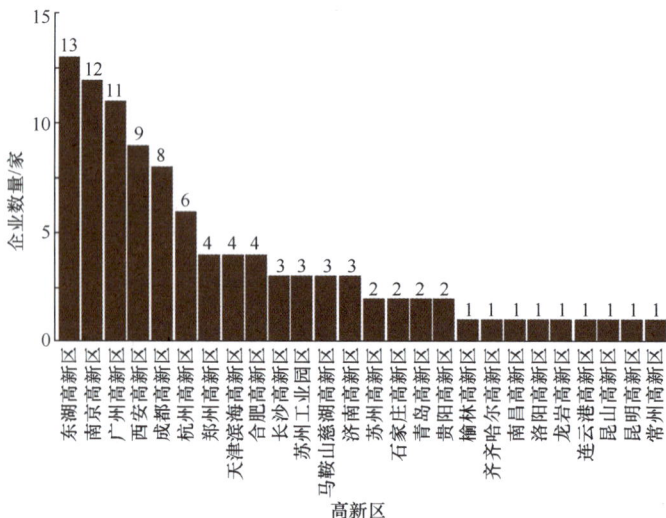

图 A.4 高技术服务领域"创新积分 500 企业"稳定期分布情况

## A2　先进制造与自动化领域"创新积分 500 企业"不同成长阶段分布情况

图 A.5 所示为先进制造与自动化领域"创新积分 500 企业"不同成长阶段分布情况。

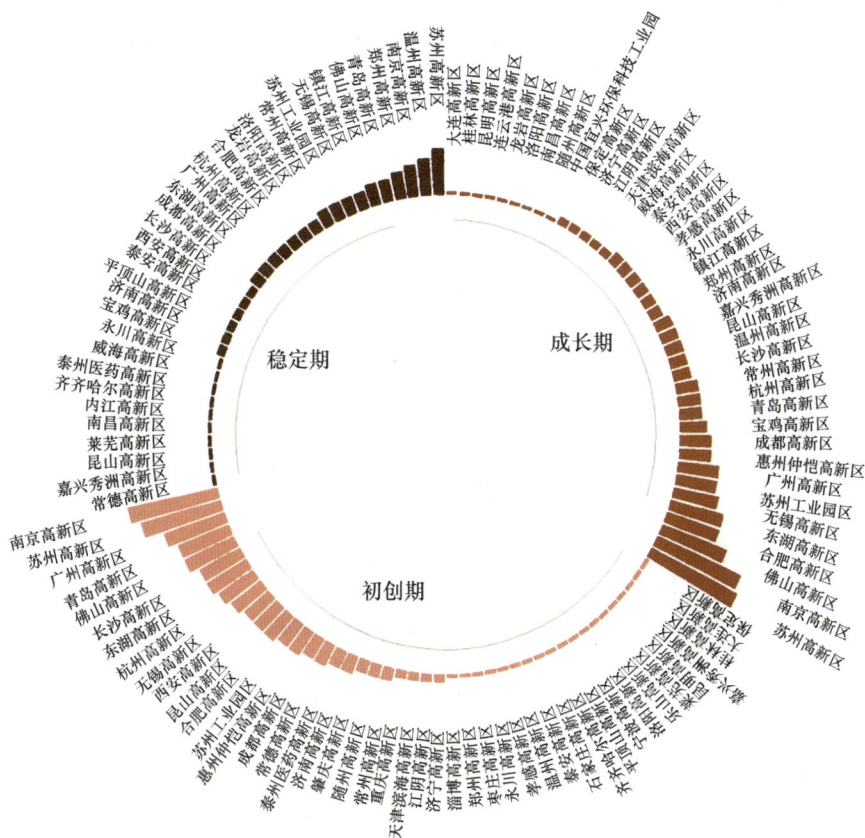

图 A.5　先进制造与自动化领域"创新积分 500 企业"不同成长阶段分布情况

从初创期来看，如图 A.6 所示，拥有先进制造与自动化领域"创新积分 500 企业"最多的是南京高新区，共 20 家；其次是苏州高新区，共 18 家；排名第三的是广州高新区，共 14 家。

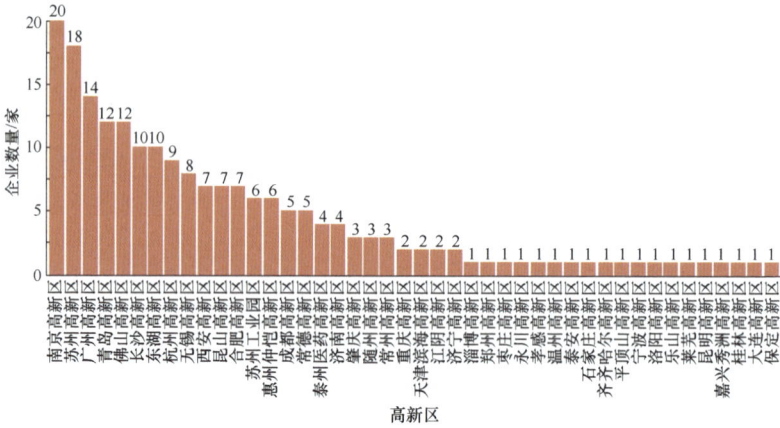

图 A.6　先进制造与自动化领域"创新积分 500 企业"初创期分布情况

从成长期来看，如图 A.7 所示，拥有先进制造与自动化领域"创新积分 500 企业"最多的是苏州高新区，共 21 家；其次是南京高新区，共 20 家；排名第三的是佛山高新区，共 15 家。

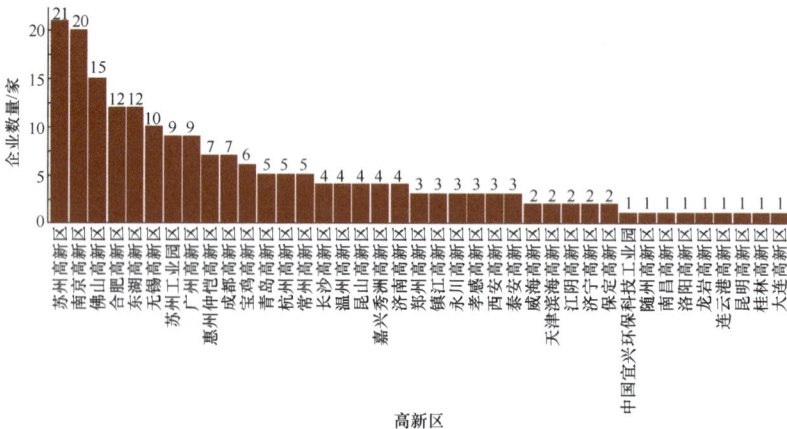

图 A.7　先进制造与自动化领域"创新积分 500 企业"成长期分布情况

从稳定期来看，如图 A.8 所示，拥有先进制造与自动化领域"创新积分 500 企业"最多的是苏州高新区，共 10 家；其次是温州高新区，共 8 家；排名第三的是南京高新区，共 7 家。

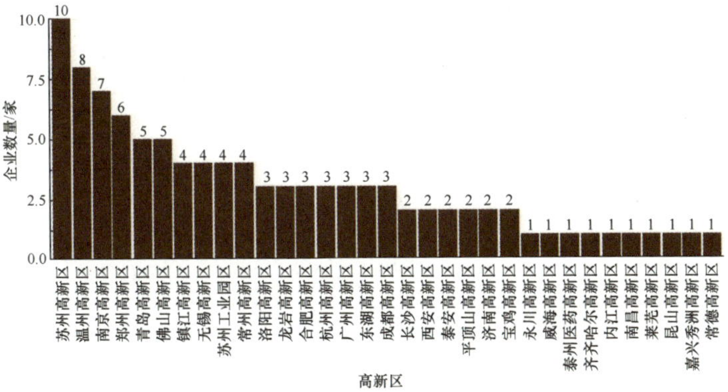

图 A.8　先进制造与自动化领域"创新积分 500 企业"稳定期分布情况

## A3　生物与新医药领域"创新积分 500 企业"不同成长阶段分布情况

图 A.9 所示为生物与新医药领域"创新积分 500 企业"不同成长阶段分布情况。

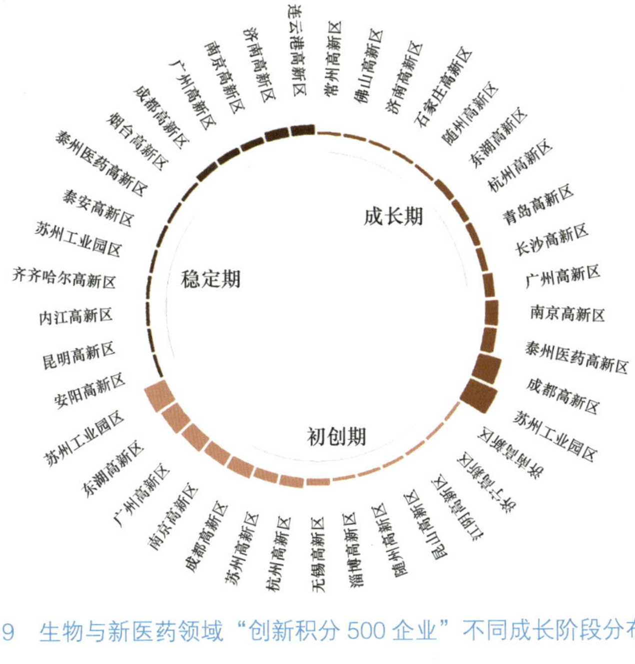

图 A.9　生物与新医药领域"创新积分 500 企业"不同成长阶段分布情况

155

从初创期来看，如图 A.10 所示，拥有生物与新医药领域"创新积分
500 企业"最多的是苏州工业园区，共 7 家；排名第二的是东湖高新区，共
6 家；排名第三的是广州高新区，共 5 家。

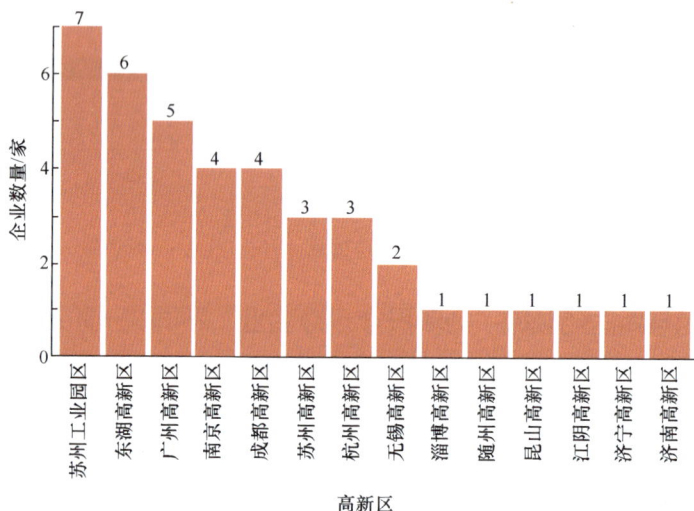

图 A.10　生物与新医药领域"创新积分 500 企业"初创期分布情况

从成长期来看，如图 A.11 所示，拥有生物与新医药领域"创新积分
500 企业"最多的苏州工业园区，共 9 家；排名第二的是成都高新区，共 7
家；并列排名第三的是泰州医药高新区和南京高新区，均为 4 家。

从稳定期来看，如图 A.12 所示，拥有生物与新医药领域"创新积分
500 企业"最多的是连云港高新区、济南高新区，均为 3 家；其次为南京
高新区、广州高新区、成都高新区，均为 2 家。

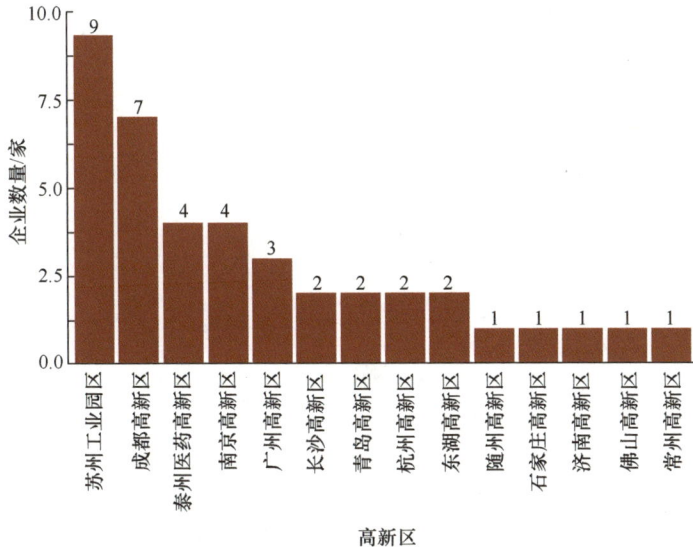

图 A.11　生物与新医药领域"创新积分 500 企业"成长期分布情况

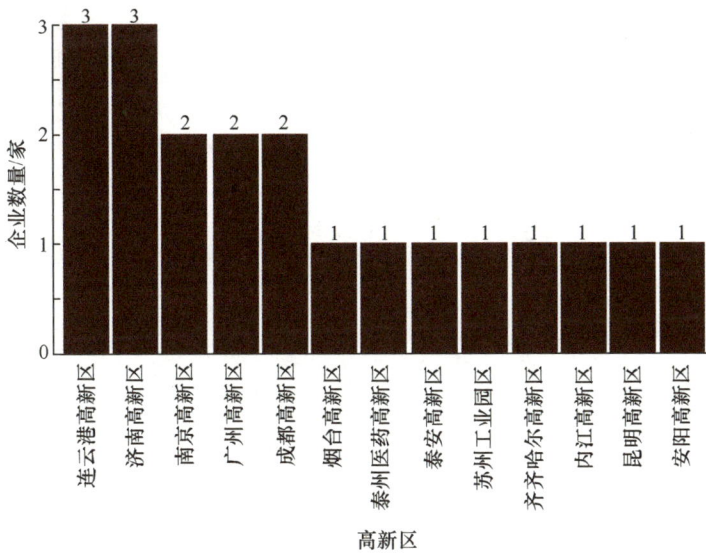

图 A.12　生物与新医药领域"创新积分 500 企业"稳定期分布情况

## A4　航空航天领域"创新积分 500 企业"不同成长阶段分布情况

图 A.13 所示为航空航天领域"创新积分 500 企业"不同成长阶段分布情况。

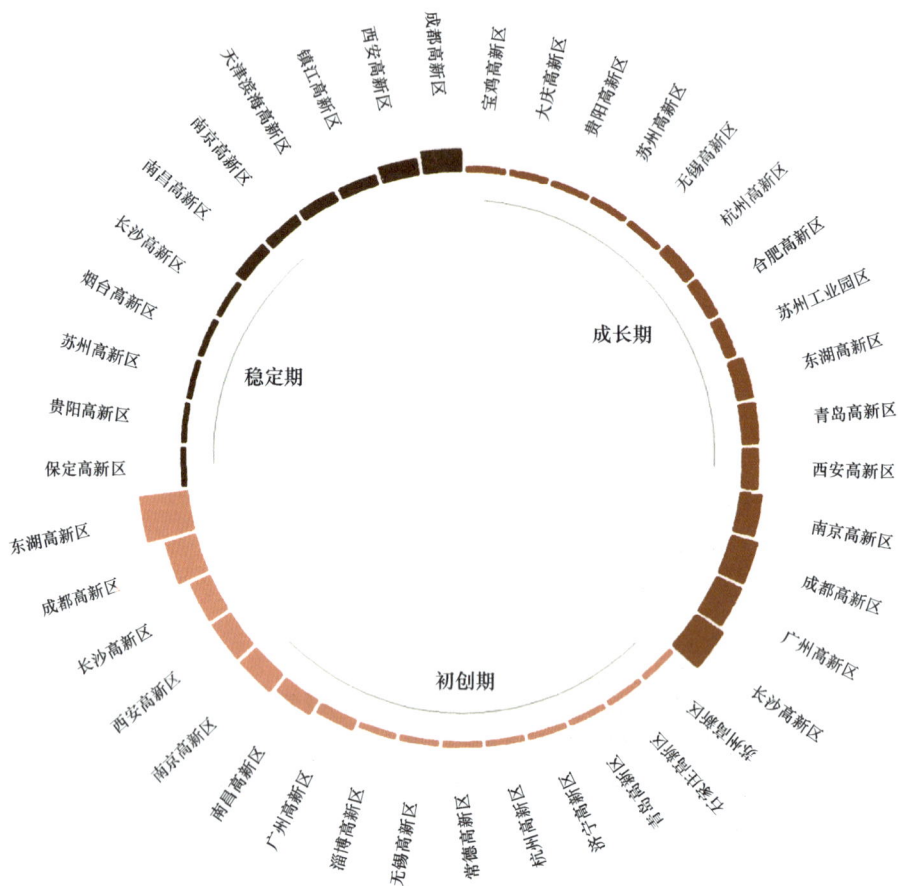

图 A.13　航空航天领域"创新积分 500 企业"不同成长阶段分布情况

从初创期来看，如图 A.14 所示，拥有航空航天领域"创新积分 500 企业"最多的是东湖高新区，共 9 家；其次是成都高新区，共 6 家；并列排名第三的是长沙高新区、西安高新区和南京高新区，均为 4 家。

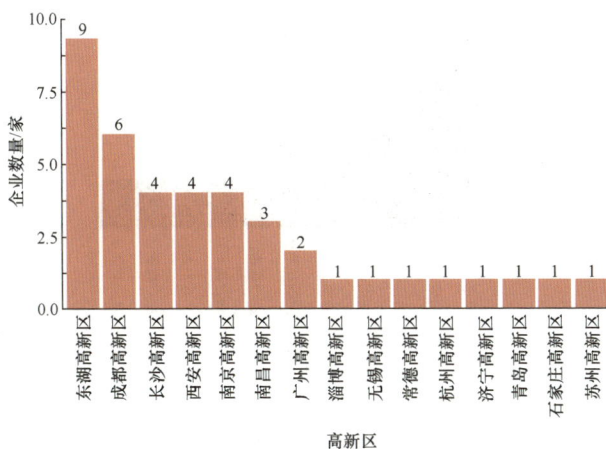

图 A.14  航空航天领域"创新积分 500 企业"初创期分布情况

从成长期来看，如图 A.15 所示，拥有航空航天领域"创新积分 500 企业"最多的是长沙高新区，共 6 家；其次是广州高新区和成都高新区，均为5 家。

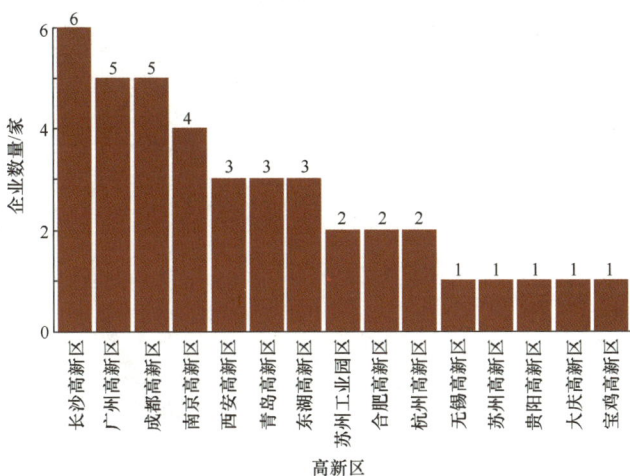

图 A.15  航空航天技术领域"创新积分 500 企业"成长期分布情况

从稳定期来看，如图 A.16 所示，拥有航空航天"创新积分 500 企业"最多的是成都高新区，共 4 家；其次是西安高新区，共 3 家。

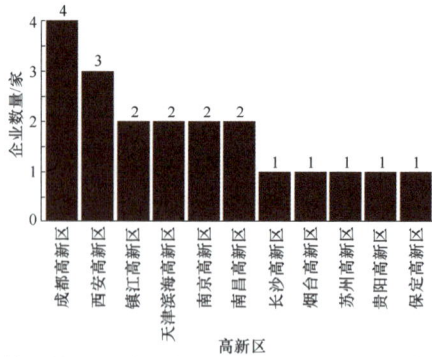

图 A.16　航空航天领域"创新积分 500 企业"稳定期分布情况

## A5　新材料领域"创新积分 500 企业"不同成长阶段分布情况

图 A.17 所示为新材料领域"创新积分 500 企业"不同成长阶段分布情况。

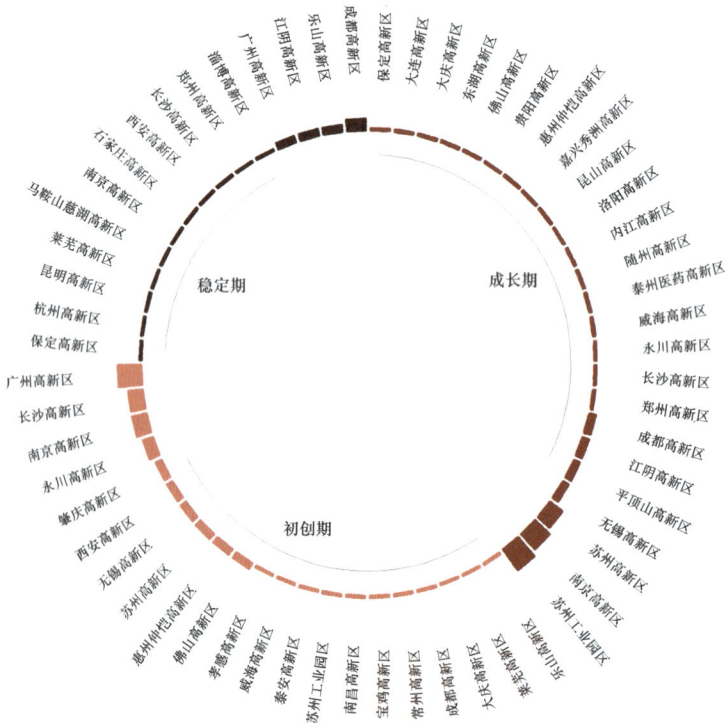

图 A.17　新材料领域"创新积分 500 企业"不同成长阶段分布情况

从初创期来看，如图 A.18 所示，拥有新材料领域"创新积分 500 企业"最多的是广州高新区，共 6 家；长沙高新区、南京高新区排名第二，均为 4 家。

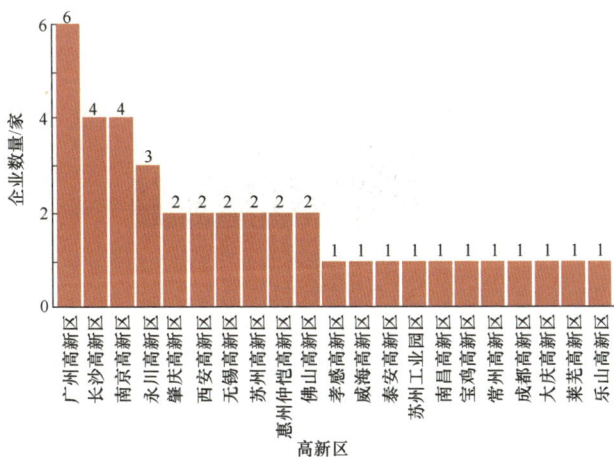

图 A.18　新材料领域"创新积分 500 企业"初创期分布情况

从成长期来看，如图 A.19 所示，拥有新材料领域"创新积分 500 企业"最多的是苏州工业园区，共 6 家；其次是南京高新区，共 5 家；排名第三的是苏州高新区，共 4 家。

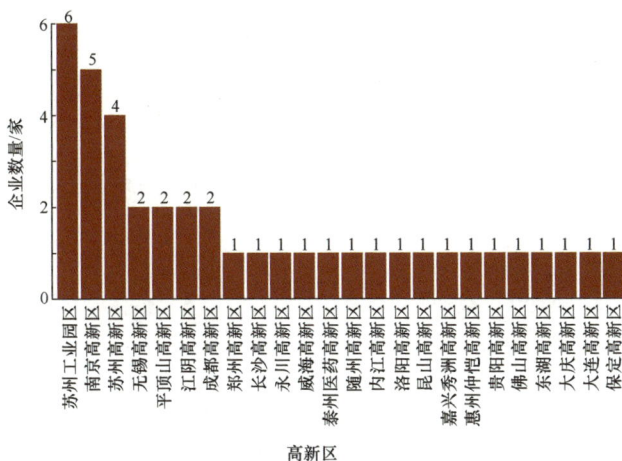

图 A.19　新材料领域"创新积分 500 企业"成长期分布情况

从稳定期来看，如图 A.20 所示，拥有新材料领域"创新积分 500 企业"最多的是成都高新区，共 3 家；并列排名第二的是乐山高新区、江阴高新区、广州高新区，均为 2 家。

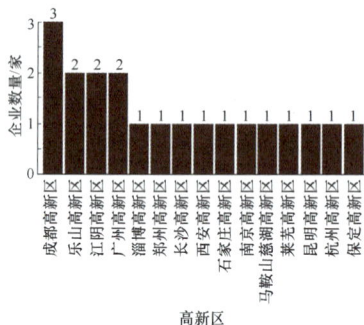

图 A.20　新材料领域"创新积分 500 企业"稳定期分布情况

## A6　新能源与节能领域"创新积分 500 企业"不同成长阶段分布情况

图 A.21 所示为新能源与节能领域"创新积分 500 企业"不同成长阶段分布情况。

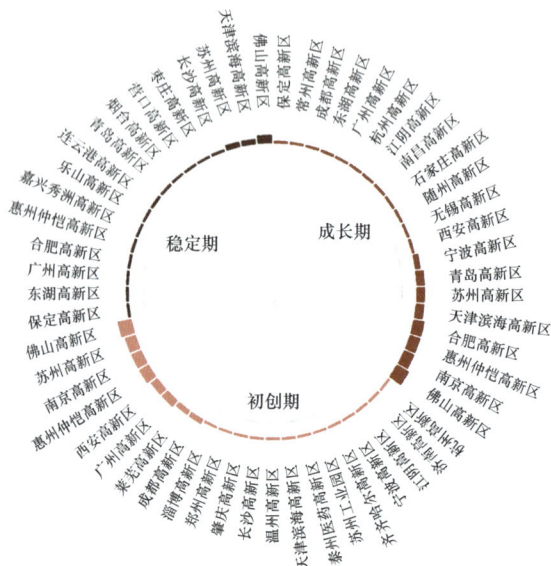

图 A.21　新能源与节能领域"创新积分 500 企业"不同成长阶段分布情况

从初创期来看，如图 **A.22** 所示，拥有新能源与节能领域"创新积分500 企业"最多的是佛山高新区，共 5 家；排名第二的是苏州高新区、南京高新区、惠州仲恺高新区，均为 4 家。

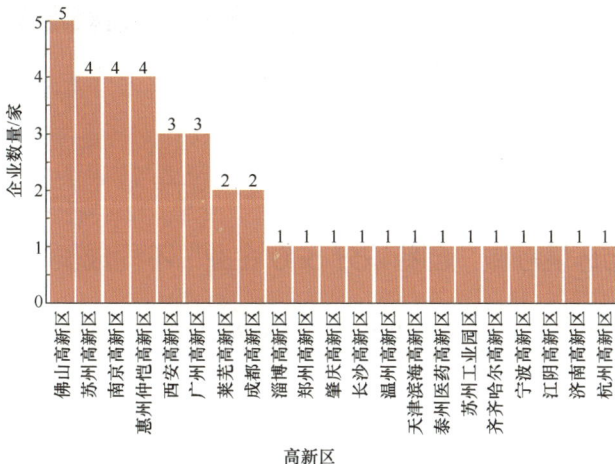

图 A.22　新能源与节能领域"创新积分 500 企业"初创期分布情况

从成长期来看，如图 **A.23** 所示，拥有新能源与节能领域"创新积分500 企业"最多的是佛山高新区，共 5 家；并列排名第二的是南京高新区、惠州仲恺高新区、合肥高新区，均为 4 家。

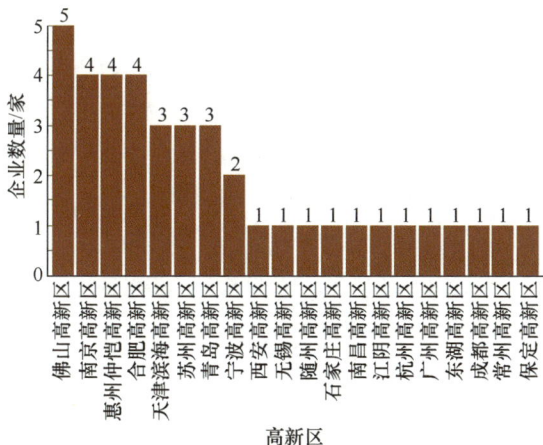

图 A.23　新能源与节能领域"创新积分 500 企业"成长期分布情况

从稳定期看，如图 A.24 所示，拥有新能源与节能领域"创新积分 500 企业"最多的是佛山高新区，共 3 家；并列排名第二的是天津滨海高新区、苏州高新区，均为 2 家。

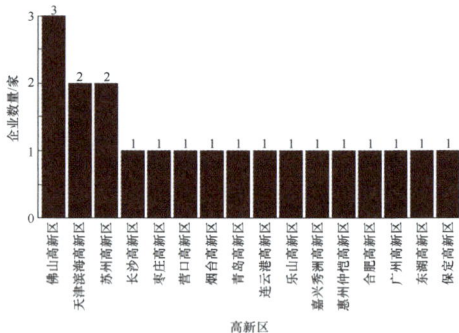

图 A.24　新能源与节能领域"创新积分 500 企业"稳定期分布情况

## A7　资源与环境领域"创新积分 500 企业"不同成长阶段分布情况

图 A.25 所示为资源与环境领域"创新积分 500 企业"不同成长阶段分布情况。

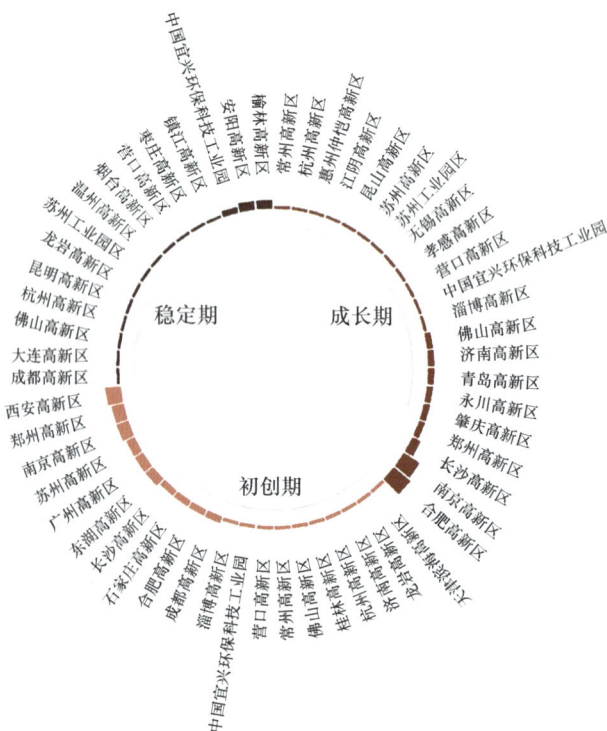

图 A.25　资源与环境领域"创新积分 500 企业"不同成长阶段分布情况

从初创期来看，如图 A.26 所示，拥有资源与环境领域"创新积分 500 企业"最多的是西安高新区，共 5 家；并列排名第二的是郑州高新区、南京高新区，均为 4 家。

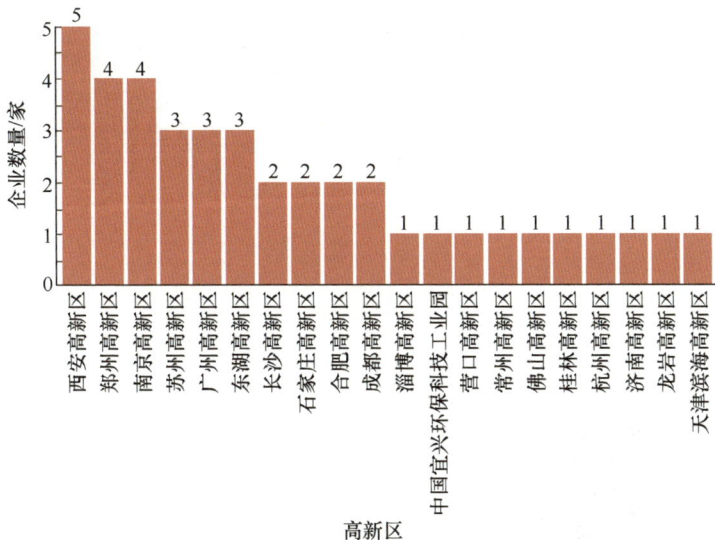

图 A.26　资源与环境领域"创新积分 500 企业"初创期分布情况

从成长期来看，如图 A.27 所示，拥有资源与环境领域"创新积分 500 企业"最多的是合肥高新区，共 7 家；其次是南京高新区，共 6 家；排名第三的是长沙高新区，共 3 家。

从稳定期来看，如图 A.28 所示，拥有资源与环境领域"创新积分 500 企业"最多的是榆林高新区、安阳高新区，均为 3 家；其次是中国宜兴环保科技工业园，共 2 家。

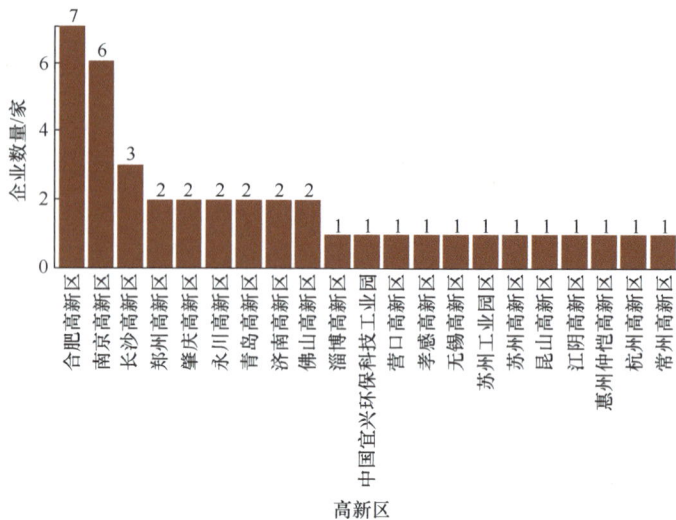

图 A.27　资源与环境领域"创新积分 500 企业"成长期分布情况

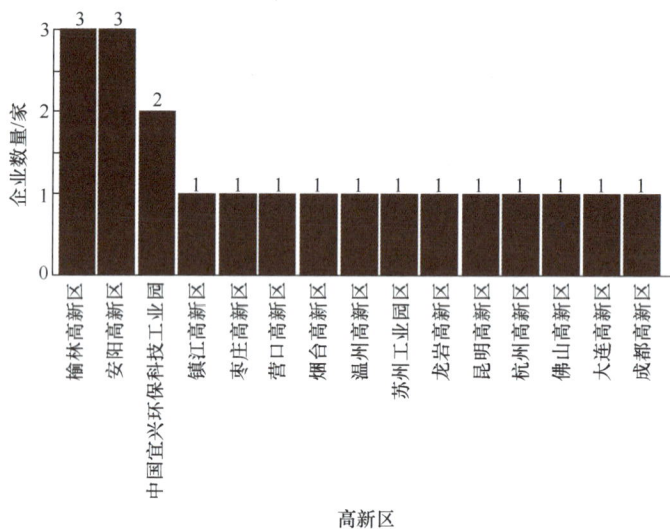

图 A.28　资源与环境领域"创新积分 500 企业"稳定期分布情况

# 发明专利分析："创新积分 500 企业"创新活动分析

附录 B

生物与新医药领域"创新积分 500 企业"2021 年新申请且已公开的发明专利数为 2357 件。其中，如图 B.1 所示，江苏恒瑞医药股份有限公司（181 件）、武汉联影智融医疗科技有限公司（142 件）、华熙生物科技股份有限公司（102 件）等"创新积分 500 企业"申请的发明专利数量位居前列。该领域申请的发明专利主要分布在江苏（501 件）、湖北（338 件）和山东（309 件）。对发明专利技术进行文本聚类分析发现，如图 B.2 所示，该领域"创新积分 500 企业"申请的专利文本中出现较多的词汇分别为透明质酸、抗体药物、可读存储介质等。进一步对发明专利技术运营情况进行分析发现，如图 B.3 所示，该领域"创新积分 500 企业"中共有 8 家积分企业进行了 12 项发明专利转让，其中，江苏普瑞康生物医药科技有限公司的发明专利转让数（5 件）位居前列。

图 B.1　生物与新医药领域"创新积分 500 企业"发明专利申请情况（公开，前 10 名）

图 B.2　生物与新医药领域"创新积分 500 企业"发明专利技术词云图

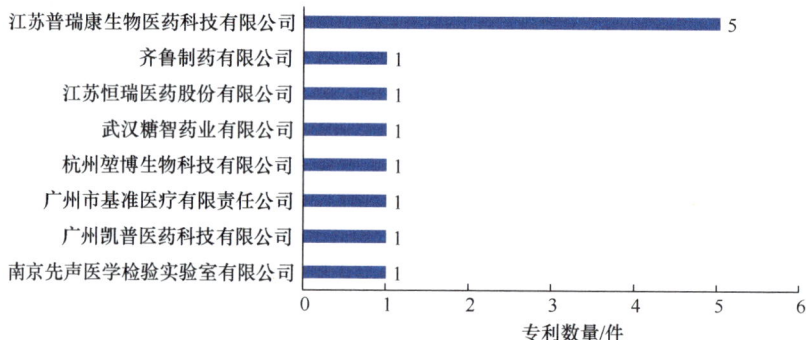

图 B.3　生物与新医药领域"创新积分 500 企业"发明专利转让情况

航空航天领域"创新积分 500 企业"2021 年新申请且已公开的发明专利数为 1588 件。其中，如图 B.4 所示，广州极飞科技股份有限公司（336件）、西安空间无线电技术研究所（177 件）、江西洪都航空工业集团有限责任公司（112 件）等"创新积分 500 企业"申请的发明专利数量位居前列。该领域申请的发明专利主要分布在广东（360 件）、陕西（332 件）和江苏（232 件）。对发明专利技术进行文本聚类分析发现，如图 B.5 所示，该领域"创新积分 500 企业"申请的专利文本中出现较多的词汇分别为可读存储介质、航空发动机、回波信号等。进一步对发明专利技术运营情况进行分析发现，如图 B.6 所示，该领域"创新积分 500 企业"中共有 5 家积分企业进行了 8 项发明专利转让，其中，江苏铨铨信息科技有限公司的发明专利转让数

（4件）位居前列。

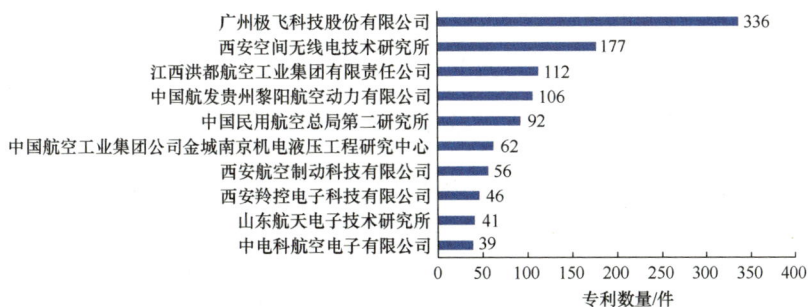

图 B.4　航空航天领域"创新积分 500 企业"发明专利申请情况（公开，前 10 名）

图 B.5　航空航天领域"创新积分 500 企业"发明专利技术词云图

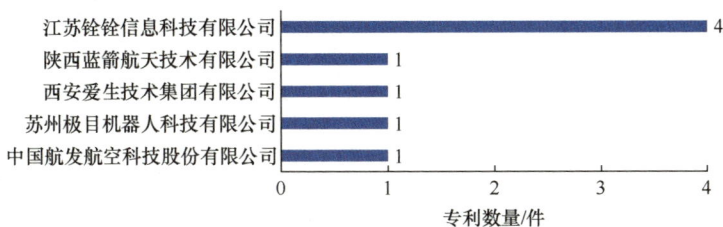

图 B.6　航空航天领域"创新积分 500 企业"发明专利转让情况

　　新材料领域"创新积分 500 企业"2021 年新申请且已公开的发明专利数为 2244 件。其中，如图 B.7 所示，南京钢铁股份有限公司（309 件）、马鞍山钢铁股份有限公司（306 件）、金发科技股份有限公司（276 件）等"创新积分 500 企业"申请的发明专利数量位居前列。该领域申请的发明专利主要分布在江苏（668 件）、广东（358 件）和安徽（311 件）。对发明专利技术进行文本聚类分析发现，如图 B.8 所示，该领域"创新积分 500 企业"申请的专利文本中出现较多的词汇分别为聚丙烯材料、质量百分比、光纤预制棒等。进一步对发明专利技术运营情况进行分析发现，如图 B.9 所示，该领域"创新积分 500 企业"中共有 7 家积分企业进行了 38 项发明专利转让，其中，西安奕斯伟硅片技术有限公司的发明专利转让数（22 件）位居前列。

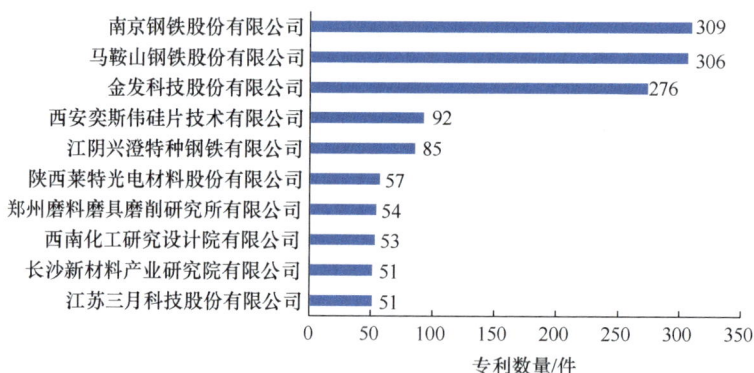

图 B.7　新材料领域"创新积分 500 企业"发明专利申请情况（公开，前 10 名）

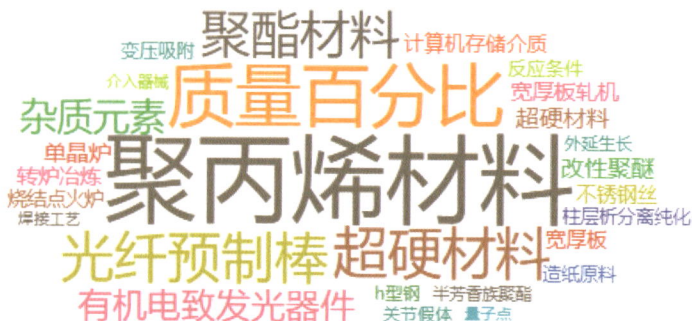

图 B.8　新材料领域"创新积分 500 企业"发明专利技术词云图

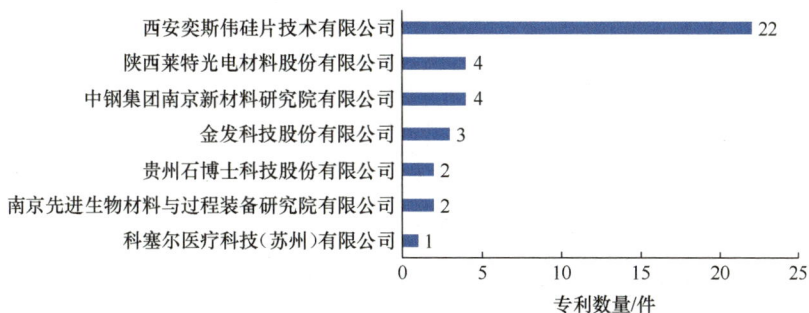

图 B.9　新材料领域"创新积分 500 企业"发明专利转让情况

高技术服务领域"创新积分 500 企业"2021 年新申请且已公开的发明专利数为 12 666 件。如图 B.10 所示，网易（杭州）网络有限公司（1557件）、浙江吉利控股集团有限公司（1174 件）、南方电网科学研究院有限责任公司（838 件）等"创新积分 500 企业"申请的发明专利数量位居前列。该领域申请的发明专利主要分布在浙江（3738 件）、广东（2522 件）和江苏（1053 件）。对发明专利技术进行文本聚类分析发现，如图 B.11 所示，该领域"创新积分 500 企业"申请的专利文本中出现较多的词汇分别为可读存储介质、预测结果、切换轨道等。进一步对发明专利技术运营情况进行分析发现，该领域"创新积分 500 企业"中共有 42 家积分企业进行了 324 项发明专利转让。如图 B.12 所示，浙江吉利控股集团有限公司（125 件）、杭州朗和科技有限公司（28 件）等积分企业的发明专利转让数位居前列。另外，共有 4 家积分企业进行了 10 项发明专利许可，其中，中铁第一勘察设计院集团有限公司（4 件）、中智行科技有限公司（4 件）等积分企业的发明专利许可数位居前列，如图 B.13 所示。

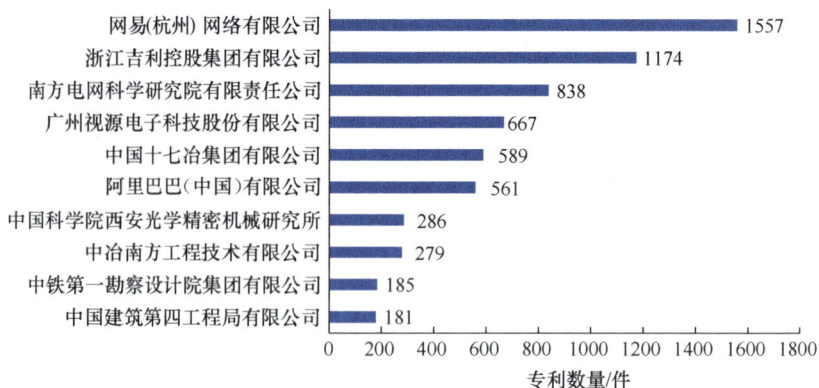

图 B.10　高技术服务领域"创新积分 500 企业"发明专利申请情况（公开，前 10 名）

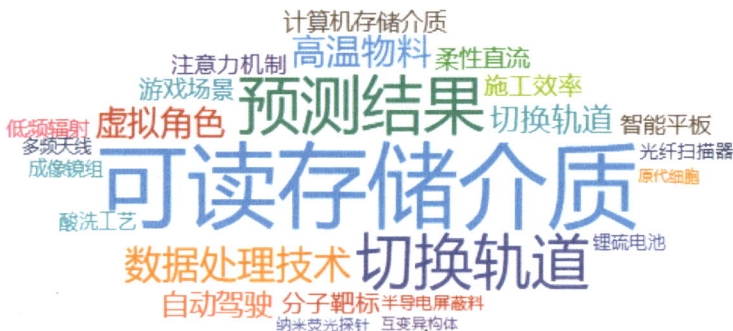

图 B.11　高技术服务领域"创新积分 500 企业"专利技术词云图

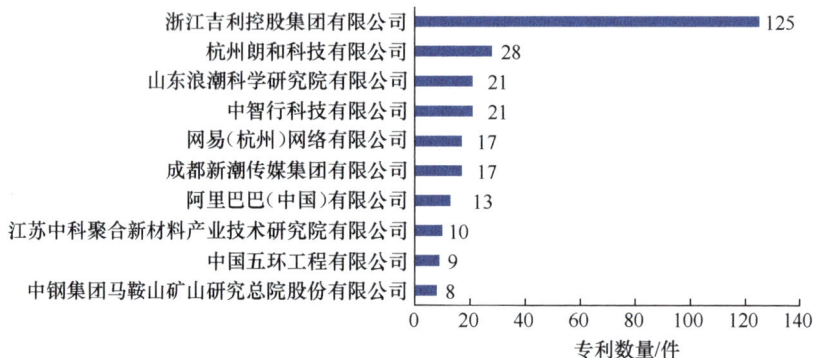

图 B.12　高技术服务领域"创新积分 500 企业"发明专利转让情况（公开，前 10 名）

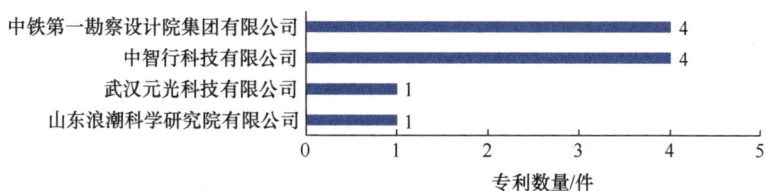

图 B.13 高技术服务领域"创新积分 500 企业"发明专利许可情况

新能源与节能领域"创新积分 500 企业"2021 年新申请且已公开的发明专利数为 4668 件。其中，如图 B.14 所示，广东美的制冷设备有限公司（1288 件）、中国南方电网有限责任公司（434 件）、阳光电源股份有限公司（373 件）等"创新积分 500 企业"申请的发明专利数量位居前列。该领域申请的发明专利主要分布在广东（2250 件）、安徽（579 件）和江苏（394件）。对发明专利技术进行文本聚类分析发现，如图 B.15 所示，该领域"创新积分 500 企业"申请的专利文本中出现较多的词汇分别为空调器、可读存储介质、计算机可读存储介质等。进一步对发明专利技术运营情况进行分析发现，如图 B.16 所示，该领域"创新积分 500 企业"中共有 10 家积分企业进行了 136 项发明专利转让，其中阳光电源股份有限公司（52 件）、江苏塔菲尔新能源科技股份有限公司（36 件）、天津力神电池股份有限公司（36件）等积分企业的发明专利转让数位居前列。1 家积分企业（佛山市德力泰科技有限公司）进行了 1 件发明专利许可。

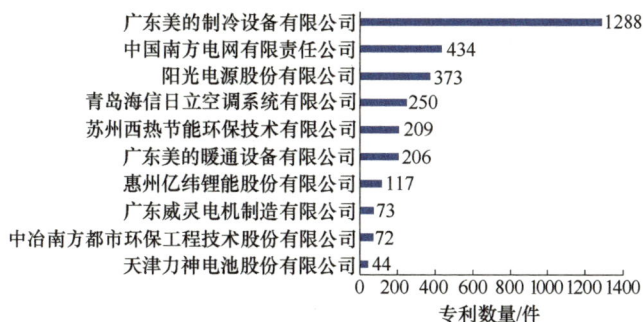

图 B.14 新能源与节能领域"创新积分 500 企业"发明专利申请情况（公开，前 10 名）

图 B.15　新能源与节能领域"创新积分 500 企业"发明专利技术词云图

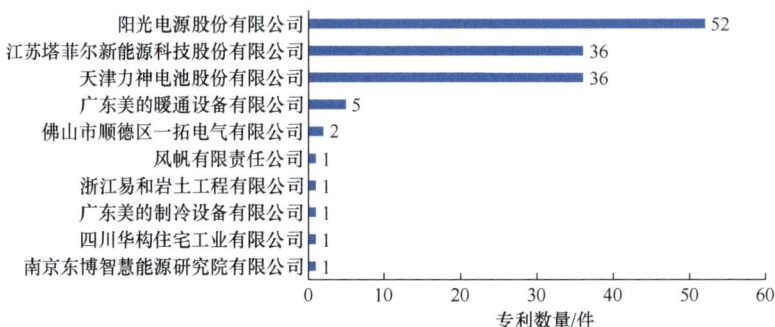

图 B.16　新能源与节能领域"创新积分 500 企业"发明专利转让情况

　　资源与环境领域"创新积分 500 企业"2021 年新申请且已公开的发明专利数为 1156 件。其中，如图 B.17 所示，中冶焦耐（大连）工程技术有限公司（202 件）、广东邦普循环科技有限公司（185 件）、光大环境科技（中国）有限公司（71 件）等"创新积分 500 企业"申请的发明专利数量位居前列。该领域申请的发明专利主要分布在广东（231 件）、辽宁（204 件）和江苏（204 件）。对发明专利技术进行文本聚类分析发现，如图 B.18 所示，该领域"创新积分 500 企业"申请的专利文本中出现较多的词汇分别为电池粉、转化率高、厨余垃圾等。进一步对发明专利技术运营情况进行分析发现，如图 B.19 所示，该领域"创新积分 500 企业"中共有 4 家积分企业进行了 11 项发明专利转让，其中，中油奥博（成都）科技有限公司的发明专利转让数（6 件）位居前列。

图 B.17 中冶焦耐（大连）工程技术有限公司 202
广东邦普循环科技有限公司 185
光大环境科技（中国）有限公司 71
光大环保技术研究院（南京）有限公司 59
南京延长反应技术研究院有限公司 51
聚光科技（杭州）股份有限公司 46
中油奥博（成都）科技有限公司 40
福建龙净环保股份有限公司 39
杭州春来科技有限公司 39
南京环保产业创新中心有限公司 26

专利数量/件

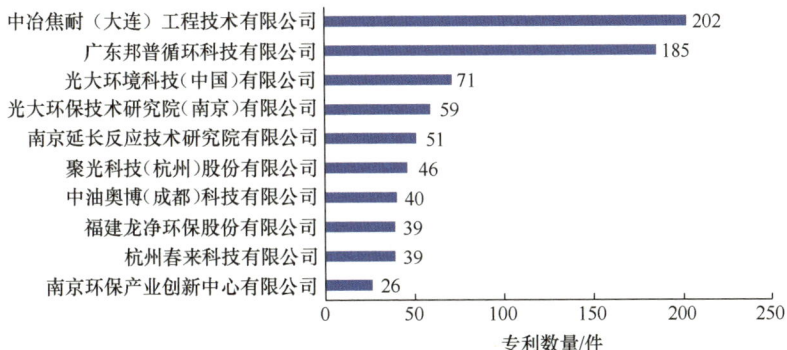

图 B.17 资源与环境领域"创新积分 500 企业"发明专利申请情况（公开，前 10 名）

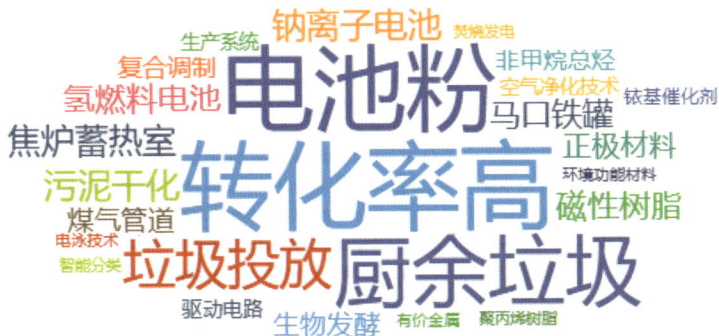

图 B.18 资源与环境领域"创新积分 500 企业"发明专利技术词云图

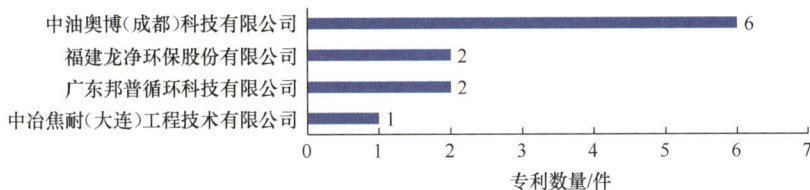

中油奥博（成都）科技有限公司 6
福建龙净环保股份有限公司 2
广东邦普循环科技有限公司 2
中冶焦耐（大连）工程技术有限公司 1

专利数量/件

图 B.19 资源与环境领域"创新积分 500 企业"发明专利转让情况

先进制造与自动化领域"创新积分 500 企业"2021 年新申请且已公开的发明专利数为 11 153 件。其中，如图 B.20 所示，广东博智林机器人有限公司（546 件）、国电南瑞科技股份有限公司（493 件）、中车青岛四方机车车辆股份有限公司（482 件）等"创新积分 500 企业"申请的发明专利数量位居前列。该领域申请的发明专利主要分布在江苏（3963 件）、广东（2423 件）和山东（908 件）。对发明专利技术进行文本聚类分析发现，如图 B.21 所示，该领域"创新积分 500 企业"申请的专利文本中出现较多的词汇分别 为轨道车辆、可读存储介质、烹饪器具等。进一步对发明专利技术运营情况 进行分析发现，该领域"创新积分 500 企业"中共有 37 家积分企业进行了 179 项发明专利转让。其中，如图 B.22 所示，国电南瑞科技股份有限公司 （18 件）、无锡先导智能装备股份有限公司（16 件）等积分企业的发明专利 转让数位居前列。共有 3 家积分企业进行了 15 项发明专利许可，其中，高 视科技（苏州）有限公司（12 件）的发明专利许可数位居前列，如图 B.23 所示。

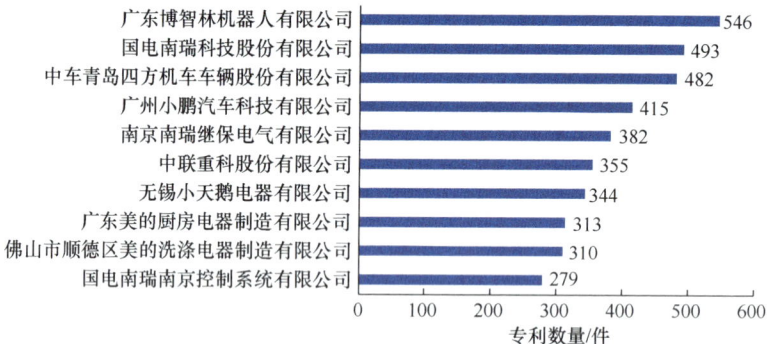

图 B.20　先进制造与自动化领域"创新积分 500 企业"发明专利申请情况（公开，前 10 名）

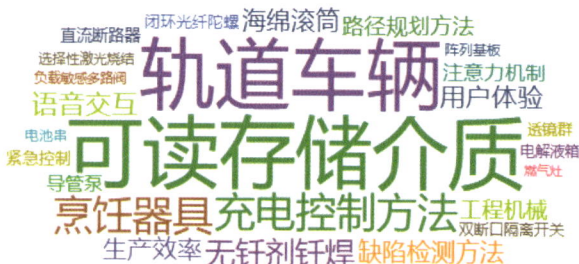

图 B.21　先进制造与自动化领域"创新积分 500 企业"发明专利技术词云图

国电南瑞科技股份有限公司　18
无锡先导智能装备股份有限公司　16
的卢技术有限公司　15
中联重科股份有限公司　13
广东博智林机器人有限公司　12
海信电子科技（武汉）有限公司　11
无锡小天鹅电器有限公司　9
国电南瑞南京控制系统有限公司　8
广东美的厨房电器制造有限公司　7
中信重工机械股份有限公司　7

专利数量/件

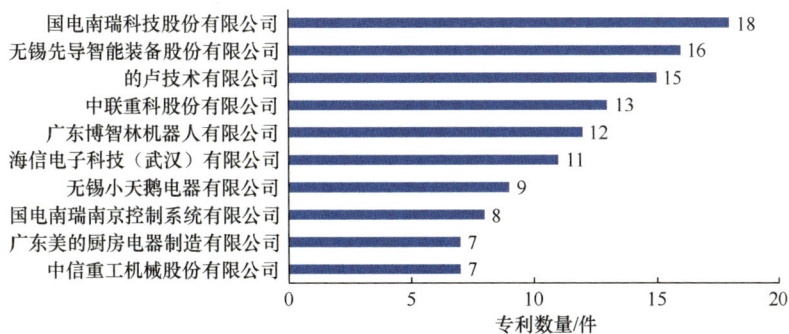

图 B.22　先进制造与自动化领域"创新积分 500 企业"发明专利转让情况（公开，前 10 名）

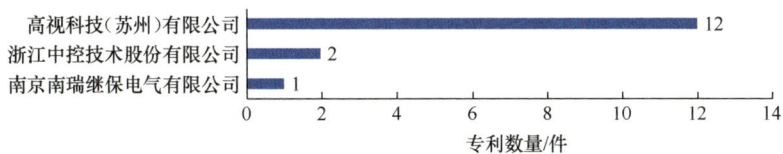

高视科技（苏州）有限公司　12
浙江中控技术股份有限公司　2
南京南瑞继保电气有限公司　1

专利数量/件

图 B.23　先进制造与自动化领域"创新积分 500 企业"发明专利许可情况

附录 C　　**企业创新积分核心指标权重设置**

表 C.1　企业创新积分核心指标权重设置（电子信息领域）

| 序号 | 一级指标 | 二级指标 | 二级指标权重 | | |
| --- | --- | --- | --- | --- | --- |
| | | | 成立时间 ≤ 5 年 | 5 年 < 成立时间 ≤ 10 年 | 成立时间 >10 年 |
| | | | 初创期 | 成长期 | 稳定期 |
| 1 | 技术创新指标（7 项） | ☆ 研发费用金额 / 万元 | 0.09 | 0.09 | 0.09 |
| 2 | | ☆ 研发费用增速 /% | 0.07 | 0.06 | 0.05 |
| 3 | | ☆ 研发费用占营业收入的比例 /% | 0.08 | 0.07 | 0.06 |
| 4 | | ☆ 科技人员占职工总数的比例 /% | 0.07 | 0.06 | 0.05 |
| 5 | | ☆ 与主营业务相关的发明专利申请量 / 件 | 0.07 | 0.07 | 0.07 |
| 6 | | ☆ 与主营业务相关的 PCT 专利申请量 / 件 | 0.07 | 0.07 | 0.07 |
| 7 | | ☆ 技术合同成交额 / 万元 | 0.07 | 0.06 | 0.05 |
| | | 小计 | 0.52 | 0.48 | 0.44 |
| 8 | 成长经营指标（6 项） | ☆ 高新技术产品与服务收入 / 万元 | 0.07 | 0.07 | 0.07 |
| 9 | | ☆ 营业收入 / 万元 | 0.06 | 0.06 | 0.06 |
| 10 | | ☆ 营业收入增长率 /% | 0.08 | 0.07 | 0.06 |
| 11 | | ☆ 研究生学历人员占比 /% | 0.05 | 0.04 | 0.03 |
| 12 | | ☆ 研发费用加计扣除所得税减免额 / 万元 | 0.03 | 0.03 | 0.03 |
| 13 | | ☆ 净利润率 /% | 0.03 | 0.04 | 0.05 |
| | | 小计 | 0.32 | 0.31 | 0.30 |
| 14 | 辅助指标（5 项） | ☆ 吸纳应届毕业生人数 / 人 | 0.03 | 0.04 | 0.05 |

| 序号 | 一级指标 | 二级指标 | 二级指标权重 | | |
|---|---|---|---|---|---|
| | | | 成立时间 ≤ 5 年 | 5 年 < 成立时间 ≤ 10 年 | 成立时间 >10 年 |
| | | | 初创期 | 成长期 | 稳定期 |
| 15 | 辅助指标 （5项） | ☆ 近两年承担建设省级及以上研发或创新平台数量 / 项 | 0.04 | 0.05 | 0.06 |
| 16 | | ☆ 近两年获得省级及以上科技奖励数量 / 项 | 0.03 | 0.04 | 0.05 |
| 17 | | ☆ 近两年承担省级及以上科技计划项目数量 / 项 | 0.03 | 0.04 | 0.05 |
| 18 | | ☆ 近三年获得风险投资金额 / 万元 | 0.03 | 0.04 | 0.05 |
| 小计 | | | 0.16 | 0.21 | 0.26 |
| 总权重 | | | 1.00 | 1.00 | 1.00 |

表 C.2　企业创新积分核心指标权重设置（航空航天领域）

| 序号 | 一级指标 | 二级指标 | 二级指标权重 | | |
|---|---|---|---|---|---|
| | | | 成立时间 ≤ 5 年 | 5 年 < 成立时间 ≤ 10 年 | 成立时间 >10 年 |
| | | | 初创期 | 成长期 | 稳定期 |
| 1 | 技术创新指标 （7项） | ☆ 研发费用金额 / 万元 | 0.09 | 0.08 | 0.07 |
| 2 | | ☆ 研发费用增速 /% | 0.08 | 0.07 | 0.06 |
| 3 | | ☆ 研发费用占营业收入的比例 /% | 0.07 | 0.06 | 0.05 |
| 4 | | ☆ 科技人员占职工总数的比例 /% | 0.07 | 0.06 | 0.05 |
| 5 | | ☆ 与主营业务相关的发明专利申请量 / 件 | 0.07 | 0.07 | 0.07 |
| 6 | | ☆ 与主营业务相关的 PCT 专利申请量 / 件 | 0.06 | 0.06 | 0.06 |
| 7 | | ☆ 技术合同成交额 / 万元 | 0.07 | 0.06 | 0.05 |
| 小计 | | | 0.51 | 0.46 | 0.41 |
| 8 | 成长经营指标 （6项） | ☆ 高新技术产品与服务收入 / 万元 | 0.07 | 0.08 | 0.09 |

续表

| 序号 | 一级指标 | 二级指标 | 二级指标权重 | | |
|---|---|---|---|---|---|
| | | | 成立时间 ≤5年 | 5年< 成立时间 ≤10年 | 成立时间 >10年 |
| | | | 初创期 | 成长期 | 稳定期 |
| 9 | 成长经营指标（6项） | ☆营业收入/万元 | 0.06 | 0.06 | 0.06 |
| 10 | | ☆营业收入增长率/% | 0.06 | 0.05 | 0.04 |
| 11 | | ☆研究生学历人员占比/% | 0.05 | 0.04 | 0.03 |
| 12 | | ☆研发费用加计扣除所得税减免额/万元 | 0.05 | 0.05 | 0.05 |
| 13 | | ☆净利润率/% | 0.03 | 0.04 | 0.05 |
| | | 小计 | 0.32 | 0.32 | 0.32 |
| 14 | 辅助指标（5项） | ☆吸纳应届毕业生人数/人 | 0.03 | 0.04 | 0.05 |
| 15 | | ☆近两年承担建设省级及以上研发或创新平台数量/项 | 0.04 | 0.05 | 0.06 |
| 16 | | ☆近两年获得省级及以上科技奖励数量/项 | 0.04 | 0.05 | 0.06 |
| 17 | | ☆近两年承担省级及以上科技计划项目数量/项 | 0.03 | 0.04 | 0.05 |
| 18 | | ☆近三年获得风险投资金额/万元 | 0.03 | 0.04 | 0.05 |
| | | 小计 | 0.17 | 0.22 | 0.27 |
| | | 总权重 | 1.00 | 1.00 | 1.00 |

表C.3　企业创新积分核心指标权重设置（新材料领域）

| 序号 | 一级指标 | 二级指标 | 二级指标权重 | | |
|---|---|---|---|---|---|
| | | | 成立时间 ≤5年 | 5年< 成立时间 ≤10年 | 成立时间 >10年 |
| | | | 初创期 | 成长期 | 稳定期 |
| 1 | 技术创新指标（7项） | ☆研发费用金额/万元 | 0.07 | 0.07 | 0.07 |

| 序号 | 一级指标 | 二级指标 | 二级指标权重 | | |
|---|---|---|---|---|---|
| | | | 成立时间 ≤5年 | 5年< 成立时间 ≤10年 | 成立时间 >10年 |
| | | | 初创期 | 成长期 | 稳定期 |
| 2 | 技术创新 指标 （7项） | ☆研发费用增速/% | 0.07 | 0.06 | 0.05 |
| 3 | | ☆研发费用占营业收入的比例/% | 0.08 | 0.07 | 0.06 |
| 4 | | ☆科技人员占职工总数的比例/% | 0.07 | 0.06 | 0.05 |
| 5 | | ☆与主营业务相关的发明专利申请量/件 | 0.07 | 0.07 | 0.07 |
| 6 | | ☆与主营业务相关的PCT专利申请量/件 | 0.06 | 0.06 | 0.06 |
| 7 | | ☆技术合同成交额/万元 | 0.06 | 0.05 | 0.04 |
| | 小计 | | 0.48 | 0.44 | 0.40 |
| 8 | 成长经营 指标 （6项） | ☆高新技术产品与服务收入/万元 | 0.07 | 0.07 | 0.07 |
| 9 | | ☆营业收入/万元 | 0.07 | 0.07 | 0.07 |
| 10 | | ☆营业收入增长率/% | 0.06 | 0.05 | 0.04 |
| 11 | | ☆研究生学历人员占比/% | 0.06 | 0.05 | 0.04 |
| 12 | | ☆研发费用加计扣除所得税减免额/万元 | 0.06 | 0.06 | 0.06 |
| 13 | | ☆净利润率/% | 0.04 | 0.05 | 0.06 |
| | 小计 | | 0.36 | 0.35 | 0.34 |
| 14 | 辅助指标 （5项） | ☆吸纳应届毕业生人数/人 | 0.03 | 0.04 | 0.05 |
| 15 | | ☆近两年承担建设省级及以上研发或 创新平台数量/项 | 0.03 | 0.04 | 0.05 |
| 16 | | ☆近两年获得省级及以上科技奖励数 量/项 | 0.04 | 0.05 | 0.06 |
| 17 | | ☆近两年承担省级及以上科技计划项 目数量/项 | 0.03 | 0.04 | 0.05 |
| 18 | | ☆近三年获得风险投资金额/万元 | 0.03 | 0.04 | 0.05 |
| | 小计 | | 0.16 | 0.21 | 0.26 |
| | 总权重 | | 1.00 | 1.00 | 1.00 |

表 C.4　企业创新积分核心指标权重设置（高技术服务领域）

| 序号 | 一级指标 | 二级指标 | 二级指标权重 | | |
|---|---|---|---|---|---|
| | | | 成立时间 ≤ 5 年 | 5 年 < 成立时间 ≤ 10 年 | 成立时间 >10 年 |
| | | | 初创期 | 成长期 | 稳定期 |
| 1 | 技术创新指标（7 项） | ☆ 研发费用金额 / 万元 | 0.07 | 0.07 | 0.07 |
| 2 | | ☆ 研发费用增速 /% | 0.07 | 0.06 | 0.05 |
| 3 | | ☆ 研发费用占营业收入的比例 /% | 0.07 | 0.06 | 0.05 |
| 4 | | ☆ 科技人员占职工总数的比例 /% | 0.07 | 0.06 | 0.05 |
| 5 | | ☆ 与主营业务相关的发明专利申请量 / 件 | 0.07 | 0.07 | 0.07 |
| 6 | | ☆ 与主营业务相关的 PCT 专利申请量 / 件 | 0.06 | 0.06 | 0.06 |
| 7 | | ☆ 技术合同成交额 / 万元 | 0.07 | 0.06 | 0.05 |
| | | 小计 | 0.48 | 0.44 | 0.40 |
| 8 | 成长经营指标（6 项） | ☆ 高新技术产品与服务收入 / 万元 | 0.08 | 0.08 | 0.08 |
| 9 | | ☆ 营业收入 / 万元 | 0.06 | 0.05 | 0.04 |
| 10 | | ☆ 营业收入增长率 /% | 0.06 | 0.06 | 0.06 |
| 11 | | ☆ 研究生学历人员占比 /% | 0.05 | 0.04 | 0.03 |
| 12 | | ☆ 研发费用加计扣除所得税减免额 / 万元 | 0.06 | 0.06 | 0.06 |
| 13 | | ☆ 净利润率 /% | 0.03 | 0.04 | 0.05 |
| | | 小计 | 0.34 | 0.33 | 0.32 |
| 14 | 辅助指标（5 项） | ☆ 吸纳应届毕业生人数 / 人 | 0.03 | 0.04 | 0.05 |
| 15 | | ☆ 近两年承担建设省级及以上研发或创新平台数量 / 项 | 0.04 | 0.05 | 0.06 |
| 16 | | ☆ 近两年获得省级及以上科技奖励数量 / 项 | 0.04 | 0.05 | 0.06 |

续表

| 序号 | 一级指标 | 二级指标 | 二级指标权重 | | |
|---|---|---|---|---|---|
| | | | 成立时间 ≤ 5 年 | 5 年 < 成立时间 ≤ 10 年 | 成立时间 > 10 年 |
| | | | 初创期 | 成长期 | 稳定期 |
| 17 | 辅助指标（5 项） | ☆ 近两年承担省级及以上科技计划项目数量 / 项 | 0.04 | 0.05 | 0.06 |
| 18 | | ☆ 近三年获得风险投资金额 / 万元 | 0.03 | 0.04 | 0.05 |
| 小计 | | | 0.18 | 0.23 | 0.28 |
| 总权重 | | | 1.00 | 1.00 | 1.00 |

表 C.5　企业创新积分核心指标权重设置（新能源与节能领域）

| 序号 | 一级指标 | 二级指标 | 二级指标权重 | | |
|---|---|---|---|---|---|
| | | | 成立时间 ≤ 5 年 | 5 年 < 成立时间 ≤ 10 年 | 成立时间 > 10 年 |
| | | | 初创期 | 成长期 | 稳定期 |
| 1 | 技术创新指标（7 项） | ☆ 研发费用金额 / 万元 | 0.08 | 0.08 | 0.08 |
| 2 | | ☆ 研发费用增速 /% | 0.07 | 0.06 | 0.05 |
| 3 | | ☆ 研发费用占营业收入的比例 /% | 0.07 | 0.06 | 0.05 |
| 4 | | ☆ 科技人员占职工总数的比例 /% | 0.07 | 0.06 | 0.05 |
| 5 | | ☆ 与主营业务相关的发明专利申请量 / 件 | 0.07 | 0.07 | 0.07 |
| 6 | | ☆ 与主营业务相关的 PCT 专利申请量 / 件 | 0.07 | 0.07 | 0.07 |
| 7 | | ☆ 技术合同成交额 / 万元 | 0.07 | 0.06 | 0.05 |
| 小计 | | | 0.50 | 0.46 | 0.42 |
| 8 | 成长经营指标（6 项） | ☆ 高新技术产品与服务收入 / 万元 | 0.07 | 0.07 | 0.07 |
| 9 | | ☆ 营业收入 / 万元 | 0.07 | 0.07 | 0.07 |
| 10 | | ☆ 营业收入增长率 /% | 0.06 | 0.05 | 0.04 |

续表

| 序号 | 一级指标 | 二级指标 | 二级指标权重 | | |
|---|---|---|---|---|---|
| | | | 成立时间 ≤ 5 年 | 5 年 < 成立时间 ≤ 10 年 | 成立时间 > 10 年 |
| | | | 初创期 | 成长期 | 稳定期 |
| 11 | 成长经营指标（6 项） | ☆ 研究生学历人员占比 /% | 0.07 | 0.06 | 0.05 |
| 12 | | ☆ 研发费用加计扣除所得税减免额 / 万元 | 0.04 | 0.04 | 0.04 |
| 13 | | ☆ 净利润率 /% | 0.04 | 0.05 | 0.06 |
| | | 小计 | 0.35 | 0.34 | 0.33 |
| 14 | 辅助指标（5 项） | ☆ 吸纳应届毕业生人数 / 人 | 0.03 | 0.04 | 0.05 |
| 15 | | ☆ 近两年承担建设省级及以上研发或创新平台数量 / 项 | 0.04 | 0.05 | 0.06 |
| 16 | | ☆ 近两年获得省级及以上科技奖励数量 / 项 | 0.03 | 0.04 | 0.05 |
| 17 | | ☆ 近两年承担省级及以上科技计划项目数量 / 项 | 0.03 | 0.04 | 0.05 |
| 18 | | ☆ 近三年获得风险投资金额 / 万元 | 0.02 | 0.03 | 0.04 |
| | | 小计 | 0.15 | 0.20 | 0.25 |
| | | 总权重 | 1.00 | 1.00 | 1.00 |

**表 C.6 企业创新积分核心指标权重设置（资源与环境领域）**

| 序号 | 一级指标 | 二级指标 | 二级指标权重 | | |
|---|---|---|---|---|---|
| | | | 成立时间 ≤ 5 年 | 5 年 < 成立时间 ≤ 10 年 | 成立时间 > 10 年 |
| | | | 初创期 | 成长期 | 稳定期 |
| 1 | 技术创新指标（7 项） | ☆ 研发费用金额 / 万元 | 0.07 | 0.07 | 0.07 |
| 2 | | ☆ 研发费用增速 /% | 0.07 | 0.06 | 0.05 |
| 3 | | ☆ 研发费用占营业收入的比例 /% | 0.07 | 0.06 | 0.05 |

续表

| 序号 | 一级指标 | 二级指标 | 二级指标权重 | | |
|---|---|---|---|---|---|
| | | | 成立时间 ≤ 5 年 | 5 年 < 成立时间 ≤ 10 年 | 成立时间 >10 年 |
| | | | 初创期 | 成长期 | 稳定期 |
| 4 | 技术创新指标（7 项） | ☆ 科技人员占职工总数的比例 /% | 0.06 | 0.05 | 0.04 |
| 5 | | ☆ 与主营业务相关的发明专利申请量 / 件 | 0.07 | 0.07 | 0.07 |
| 6 | | ☆ 与主营业务相关的 PCT 专利申请量 / 件 | 0.06 | 0.06 | 0.06 |
| 7 | | ☆ 技术合同成交额 / 万元 | 0.06 | 0.05 | 0.04 |
| 小计 | | | 0.46 | 0.42 | 0.38 |
| 8 | 成长经营指标（6 项） | ☆ 高新技术产品与服务收入 / 万元 | 0.08 | 0.08 | 0.08 |
| 9 | | ☆ 营业收入 / 万元 | 0.07 | 0.07 | 0.07 |
| 10 | | ☆ 营业收入增长率 /% | 0.06 | 0.05 | 0.04 |
| 11 | | ☆ 研究生学历人员占比 /% | 0.05 | 0.04 | 0.03 |
| 12 | | ☆ 研发费用加计扣除所得税减免额 / 万元 | 0.06 | 0.06 | 0.06 |
| 13 | | ☆ 净利润率 /% | 0.03 | 0.04 | 0.05 |
| 小计 | | | 0.35 | 0.34 | 0.33 |
| 14 | 辅助指标（5 项） | ☆ 吸纳应届毕业生人数 / 人 | 0.03 | 0.04 | 0.05 |
| 15 | | ☆ 近两年承担建设省级及以上研发或创新平台数量 / 项 | 0.05 | 0.06 | 0.07 |
| 16 | | ☆ 近两年获得省级及以上科技奖励数量 / 项 | 0.04 | 0.05 | 0.06 |
| 17 | | ☆ 近两年承担省级及以上科技计划项目数量 / 项 | 0.04 | 0.05 | 0.06 |
| 18 | | ☆ 近三年获得风险投资金额 / 万元 | 0.03 | 0.04 | 0.05 |
| 小计 | | | 0.19 | 0.24 | 0.29 |
| 总权重 | | | 1.00 | 1.00 | 1.00 |

表 C.7　企业创新积分核心指标权重设置（先进制造与自动化领域）

| 序号 | 一级指标 | 二级指标 | 二级指标权重 | | |
|---|---|---|---|---|---|
| | | | 成立时间 ≤ 5 年 | 5 年 < 成立时间 ≤ 10 年 | 成立时间 > 10 年 |
| | | | 初创期 | 成长期 | 稳定期 |
| 1 | 技术创新指标（7 项） | ☆研发费用金额 / 万元 | 0.07 | 0.07 | 0.07 |
| 2 | | ☆研发费用增速 /% | 0.06 | 0.05 | 0.04 |
| 3 | | ☆研发费用占营业收入的比例 /% | 0.07 | 0.06 | 0.05 |
| 4 | | ☆科技人员占职工总数的比例 /% | 0.06 | 0.05 | 0.04 |
| 5 | | ☆与主营业务相关的发明专利申请量 / 件 | 0.08 | 0.08 | 0.08 |
| 6 | | ☆与主营业务相关的 PCT 专利申请量 / 件 | 0.07 | 0.07 | 0.07 |
| 7 | | ☆技术合同成交额 / 万元 | 0.06 | 0.05 | 0.04 |
| | | 小计 | 0.47 | 0.43 | 0.39 |
| 8 | 成长经营指标（6 项） | ☆高新技术产品与服务收入 / 万元 | 0.07 | 0.07 | 0.07 |
| 9 | | ☆营业收入 / 万元 | 0.07 | 0.07 | 0.07 |
| 10 | | ☆营业收入增长率 /% | 0.07 | 0.06 | 0.05 |
| 11 | | ☆研究生学历人员占比 /% | 0.05 | 0.04 | 0.03 |
| 12 | | ☆研发费用加计扣除所得税减免额 / 万元 | 0.05 | 0.05 | 0.05 |
| 13 | | ☆净利润率 /% | 0.05 | 0.06 | 0.07 |
| | | 小计 | 0.36 | 0.35 | 0.34 |
| 14 | 辅助指标（5 项） | ☆吸纳应届毕业生人数 / 人 | 0.03 | 0.04 | 0.05 |
| 15 | | ☆近两年承担建设省级及以上研发或创新平台数量 / 项 | 0.04 | 0.05 | 0.06 |
| 16 | | ☆近两年获得省级及以上科技奖励数量 / 项 | 0.03 | 0.04 | 0.05 |
| 17 | | ☆近两年承担省级及以上科技计划项目数量 / 项 | 0.04 | 0.05 | 0.06 |
| 18 | | ☆近三年获得风险投资金额 / 万元 | 0.03 | 0.04 | 0.05 |
| | | 小计 | 0.17 | 0.22 | 0.27 |
| | | 总权重 | 1.00 | 1.00 | 1.00 |

表 C.8　企业创新积分核心指标权重设置（生物与新医药领域）

| 序号 | 一级指标 | 二级指标 | 二级指标权重 | | |
|---|---|---|---|---|---|
| | | | 成立时间 ≤ 5 年 | 5 年 < 成立时间 ≤ 10 年 | 成立时间 >10 年 |
| | | | 初创期 | 成长期 | 稳定期 |
| 1 | 技术创新指标（7项） | ☆ 研发费用金额 / 万元 | 0.09 | 0.08 | 0.07 |
| 2 | | ☆ 研发费用增速 /% | 0.07 | 0.06 | 0.05 |
| 3 | | ☆ 研发费用占营业收入的比例 /% | 0.08 | 0.07 | 0.06 |
| 4 | | ☆ 科技人员占职工总数的比例 /% | 0.07 | 0.06 | 0.05 |
| 5 | | ☆ 与主营业务相关的发明专利申请量 / 件 | 0.07 | 0.07 | 0.07 |
| 6 | | ☆ 与主营业务相关的 PCT 专利申请量 / 件 | 0.07 | 0.07 | 0.07 |
| 7 | | ☆ 技术合同成交额 / 万元 | 0.06 | 0.05 | 0.04 |
| | | 小计 | 0.51 | 0.46 | 0.41 |
| 8 | 成长经营指标（6项） | ☆ 高新技术产品与服务收入 / 万元 | 0.06 | 0.07 | 0.08 |
| 9 | | ☆ 营业收入 / 万元 | 0.06 | 0.06 | 0.06 |
| 10 | | ☆ 营业收入增长率 /% | 0.07 | 0.06 | 0.05 |
| 11 | | ☆ 研究生学历人员占比 /% | 0.05 | 0.04 | 0.03 |
| 12 | | ☆ 研发费用加计扣除所得税减免额 / 万元 | 0.04 | 0.04 | 0.04 |
| 13 | | ☆ 净利润率 /% | 0.04 | 0.05 | 0.06 |
| | | 小计 | 0.32 | 0.32 | 0.32 |
| 14 | 辅助指标（5项） | ☆ 吸纳应届毕业生人数 / 人 | 0.03 | 0.04 | 0.05 |
| 15 | | ☆ 近两年承担建设省级及以上研发或创新平台数量 / 项 | 0.04 | 0.05 | 0.06 |
| 16 | | ☆ 近两年获得省级及以上科技奖励数量 / 项 | 0.04 | 0.05 | 0.06 |
| 17 | | ☆ 近两年承担省级及以上科技计划项目数量 / 项 | 0.03 | 0.04 | 0.05 |
| 18 | | ☆ 近三年获得风险投资金额 / 万元 | 0.03 | 0.04 | 0.05 |
| | | 小计 | 0.17 | 0.22 | 0.27 |
| | | 总权重 | 1.00 | 1.00 | 1.00 |

# 附录 D 国内外主要创新能力评价报告

表 D.1 国内外主要创新能力评价报告调研情况表

| 评价主体 | 评价报告名称 | 发布机构 | 一级指标 | 子指标 | 特征 |
|---|---|---|---|---|---|
| 国家或经济体 | 全球创新指数 | 世界知识产权组织等 | 创新投入、创新产出 | 7 项二级指标，21 项三级指标，81 项四级指标 | 评价主体为全球主要国家或经济体，评价指标体系在设计上涵盖面较广 |
| | 欧洲创新记分牌 | 欧盟委员会 | 创新投资、创新活动、创新影响 | 12 项二级指标，32 项三级指标 | 评价主体为欧洲国家、全球主要国家或经济体，评价指标体系将参评资源视为考核国际科技创新中心创新能力的核心指标 |
| | 全球竞争力指数 | 世界经济论坛 | 赋能环境、人力资本、市场、创新生态系统 | 12 项二级指标，23 项三级指标，103 项四级指标 | 评价主体为全球主要国家或经济体，评价指标体系主要关注参评经济体未来 5～8 年的经济增长前景和竞争力变化趋势 |
| | 世界竞争力年度报告 | 瑞士洛桑国际管理发展学院 | 经济表现、政府效率、企业效率、基础设施 | 20 项二级指标，333 项三级指标 | 评价主体为全球主要国家或经济体，评价指标体系侧重生产力发展和经济繁荣程度 |

续表

| 评价主体 | 评价报告名称 | 发布机构 | 一级指标 | 子指标 | 特征 |
|---|---|---|---|---|---|
| 国家或经济体 | 科学技术指标 | 日本科技政策研究所 | 研发经费、研发人才、高等教育和科技人才、研发产出、科学技术与创新 | 170项二级指标 | 评价主体为全球主要国家或经济体，评价指标体系在投入产出的基本指标以外，设置或增加反映当前科技计划战略导向的具体指标 |
| | 中国创新指数 | 国家统计局社科文司 | 创新环境、创新投入、创新产出、创新绩效 | 21项二级指标 | 评价主体为中国，评价指标体系侧重于客观反映创新型国家建设进程中中国的创新能力变化 |
| | 全球创新城市指数 | 澳大利亚智库 | 文化资产、人文、基础设施、网络、市场 | 31项二级指标，162项三级指标 | 评价主体为全球100多座重点城市，评价指标体系在衡量城市文化和城市的软硬件基础设施方面给予较多指标设计 |
| | 国际科技创新中心指数 | 清华大学产业发展与环境治理研究中心等 | 科学中心、创新高地、创新生态 | 12项二级指标，31项三级指标 | 评价主体为全球30个主要的科技创新中心城市（都市圈），评价指标体系中缺少科技创新投入方面的指标 |
| 城市 | 全球科技创新中心评估报告 | 上海市经济信息中心 | 基础研究、产业技术、创新经济、创新环境 | 25项二级指标 | 从基础研究、产业技术、创新经济、创新环境4个维度设计评价指标体系，对全球近200个主要创新城市进行创新能力评价 |
| | 全球创业生态系统报告 | 伦敦发展促进署 | 绩效、融资、经验、人才、连通性、市场范围、知识 | 15项二级指标，三级指标 | 评价主体为纽约、伦敦等城市，评价指标体系侧重连通性和市场融资对创新创业的影响 |

| 评价主体 | 评价报告名称 | 发布机构 | 一级指标 | 子指标 | 特征 |
|---|---|---|---|---|---|
| 城市 | 全球科技创新策源城市分析报告 | 上海市科学学研究所 | 高水平学术期刊论文数 | 以反映科技原创力的作者计量分值和反映科研影响力的文献计量分值为具体子指标 | 基于入选自然数据库的高水平论文数据进行统计分析和关联研究，以体现中心成果的创新策源效应和领袖城市的变迁趋势 |
| | 上海科技创新中心指数报告 | 上海市科学学研究所 | 创新资源汇聚力、科技成果影响力、新兴产业领导力、创新辐射带动力、创新环境和吸引力 | 5 项二级指标，30 项三级指标 | 评价主体为上海，评价指标体系重视对科技创新规律的把握，以创新生态视角解析和测度上海科技创新中心的形成与发展 |
| | 中国科创城市报告 | 亿欧智库 | 科研人才、科创机构、科研投入、科创成果、科创企业 | 14 项二级指标 | 评价主体为北京、上海、深圳和广州等中国重点城市，评价指标体系侧重于从科技创新的直接表达方面进行设计 |
| | 国家创新型城市创新能力评价报告 | 中国科学技术信息研究所 | 创新治理力、原始创新力、技术创新力、成果转化力、创新驱动力 | 30 项二级指标 | 对全国 72 个国家创新型城市的创新能力进行统一评价和分类评价 |

续表

| 评价主体 | 评价报告名称 | 发布机构 | 一级指标 | 子指标 | 特征 |
|---|---|---|---|---|---|
| | 硅谷指数 | 硅谷联合投资、硅谷社区基金会 | 人口、经济、社会、生活区域、政府治理 | 18 项二级指标 | 评价主体为硅谷地区，评价指标体系除了包括传统的创新投入指标，更加关注居住条件、空气质量和企业的社会责任 |
| | 中关村指数 | 北京市统计局 | 创新引领、双创生态、高质量发展、开放协同、宜居宜业 | 15 项二级指标 | 评价主体为中关村示范区，评价指标体系以 2013 年为基期，基期数为 100，该评价报告被誉为我国高新技术产业园区发展的"晴雨表"和"风向标" |
| 园区 | 国家高新区创新能力评价报告 | 科技部、中国科学院科技战略咨询研究院 | 创新资源聚集、创新创业环境、创新活动绩效、创新的国际化、创新驱动发展 | 25 项二级指标 | 评价主体为国家高新区，评价指标体系按照东部、中部、东北和西部地区分类，选取二级指标中的 5 项，赋予不同的权重 |
| | 国家高新区评价标准 | 科技部 | 创新能力和创业活跃度、结构优化和产业价值链、绿色发展和宜居包容性、开放创新和国际竞争力、综合质量效和持续创新力 | 46 项二级指标 | 评价主体为国家高新区，评价指标体系综合衡量各国家高新区"创新驱动发展示范区和高质量发展先行区"目标的实现程度 |

191

续表

| 评价主体 | 评价报告名称 | 发布机构 | 一级指标 | 子指标 | 特征 |
|---|---|---|---|---|---|
| 企业 | 欧盟产业研发投入记分牌 | 欧盟委员会 | 研发投入金额、销售净额、资本支出、营业利润、职工总数和股票市值 | 5项二级指标 | 评价主体为欧盟成员和美国、日本、中国等国家或地区的企业，评价指标体系以企业研发投资情况为主 |
| | 独角兽企业评价标准 | 科技部 | 成立时间、私募投资、融资估值、上市情况 | 成立时间不超过10年、获得过私募投资且未上市，估值超过10亿美元 | 评价标准由北京市长城企业战略研究所提出，各地区主管部门根据评价标准开展评价工作 |
| | 瞪羚企业评价标准 | | 定量提取指标、定性筛查指标及创新门槛指标 | 成立时间、总收入、收入复合增长率、职工总数、营业收入、近4年平均科技活动投入强度 | 以国家高新区库中2016—2019年企业统计数据作为国家高新区瞪羚企业遴选与分析基础 |
| | 科技型中小企业备案标准 | | 职工总数、年销售收入、资产总额 | 科技人员、研发投入、科技成果3项二级指标 | "条件＋评价指标"双认定标准，自评价 |
| | 高新技术企业认定标准 | | 知识产权、高新技术领域、科技人员、研究开发费用、高技术产品收入、创新能力综合评价 | 创新能力综合评价中包括4项二级指标 | "条件＋评价指标"双认定标准 |

续表

| 评价主体 | 评价报告名称 | 发布机构 | 一级指标 | 子指标 | 特征 |
|---|---|---|---|---|---|
| 企业 | 创新型中小企业评价标准 | 工信部 | 创新能力、成长性、专业化 | 6 项二级指标 | "条件+评价指标"双认定标准 |
| | 专精特新中小企业认定标准 | | 专业化、精细化、特色化、创新能力 | 15 项二级指标 | "条件+评价指标"双认定标准 |
| | 专精特新"小巨人"企业认定标准 | | 专业化、精细化、特色化、创新能力、产业链配套、主导产品所属领域 | 12 项二级指标 | 评价指标认定标准 |
| | 全国科技创新百强指数报告 2022 | 八月瓜创新研究院 | 创新能力、创新价值、创新影响 | 9 项二级指标、23 项三级指标 | 评价主体为中国有公开专利信息披露的企业，评价指标体系以专利信息为核心 |

表 D.2 国内外主要创新能力评价报告相关评价指标分析表

| 评价主体 | 评价报告名称 | 技术创新指标 | 成长经营指标 | 辅助指标 |
|---|---|---|---|---|
| 国家或经济体 | 全球创新指数 | · 研发人员全时当量<br>· 研发费用支出/GDP<br>· 在给定的国家（或地区）专利局提交的常驻专利申请量<br>· PCT 专利申请量<br>· 科学与技术期刊论文数量 | 高新技术产品出口额 | 获得信贷的容易程度 |
| | 欧洲创新记分牌 | · 信息和通信技术（ICT）专家／总就业人数<br>· 政府及高等教育部门的所有研发费用支出/GDP<br>· 商业部门的研发支出/GDP<br>· 企业的创新总支出／总就业人数<br>· PCT专利申请量 | · 新产品销售收入占营业额的比例<br>· 中，高新技术产品出口比例 | 每 1000 名 25～34 岁人员中的科学，技术，工程和数学领域的博士毕业生数量 |
| | 全球竞争力指数 | · 研发费用支出/GDP<br>· 每百万人的同族专利申请量 | | 获得信贷的容易程度 |
| | 世界竞争力年度报告 | · 研发人员全时当量<br>· 每千名研发人员全时当量<br>· 企业研发支出<br>· 研发费用支出<br>· 研发费用支出/GDP<br>· 人均研发费用<br>· 专利申请量<br>· 专利授权量 | · 高新技术产品出口额<br>· 企业负债率 | · 获得信贷的容易程度<br>· 科学专业毕业生数量／ICT，工程，数学和科学专业的毕业生数量 |

续表

| 评价主体 | 评价报告名称 | 技术创新指标 | 成长经营指标 | 辅助指标 |
|---|---|---|---|---|
| 国家或经济体 | 科学技术指标 | ·科技人员数量<br>·各部门的研发费用支出<br>·各产业的研发费用支出<br>·论文数量<br>·专利申请量 | 技术产品贸易额 | |
| | 中国创新指数 | ·每万名研发人员全时当量<br>·研发费用支出/GDP<br>·基础研究人员人均经费<br>·研发费用占主营业务收入的比例<br>·每万人科技论文发表数<br>·每万名研发人员专利授权量<br>·发明专利授权量占专利授权总量的比例<br>·每万名研发人员技术市场成交额 | ·新产品销售收入占主营业务收入的比例<br>·人均主营业务收入 | 劳动力中中大专以上学历人数 |
| 城市 | 全球创新城市指数 | ·研发费用支出<br>·专利申请量 | | 获得的风险投资金额 |
| | 国际科技创新中心指数 | ·活跃科技人员数量<br>·有效发明专利存量<br>·PCT专利申请量 | 新经济行业上市公司营业收入 | |
| | 全球科技创新中心评估报告 | ·研发费用<br>·PCT专利申请量<br>·有效发明专利存量 | ·新经济行业上市公司营业收入<br>·高技术制造业企业市值 | ·获得的创业投资金额<br>·获得顶级科技奖项人数 |

195

续表

| 评价主体 | 评价报告名称 | 技术创新指标 | 成长经营指标 | 辅助指标 |
|---|---|---|---|---|
| | 全球创业生态系统报告 | · 研发费用支出<br>· 专利申请量 | | |
| | 上海科技创新中心指数报告 | · 全社会研发费用支出总额<br>· 研发费用占主营业收入的比例<br>· PCT专利申请量<br>· 每万人发明专利拥有量 | 高新技术产品出口额 | · 是否为国家级研发机构<br>· 是否获得国家级科创成果奖励<br>· 获得的风险投资资金额 |
| 城市 | 中国科创城市报告 | · 研发人员数量<br>· 研发投入/GDP<br>· 专利授权量<br>· 技术合同成交额 | 企业总产值 | 是否为重点科研高校及研究院所 |
| | 国家创新型城市创新能力评价报告 | · 每万人专利申请量<br>· 每万人发明专利拥有量<br>· 研发投入/GDP | 高新技术企业营业收入与规上工业企业营业收入之比 | |
| | 硅谷指数 | 专利注册量 | | 获得的风险投资资金额 |
| 园区 | 中关村指数 | · 研发费用占主营业务收入的比例<br>· PCT专利申请量<br>· 每万人当年发明专利授权量<br>· 技术合同成交额 | 高新技术产业收入占比 | 获得顶级科技奖项数量 |

续表

| 评价主体 | 评价报告名称 | 技术创新指标 | 成长经营指标 | 辅助指标 |
|---|---|---|---|---|
| 园区 | 国家高新区创新能力评价报告 | ·研发人员全时当量<br>·每万人当年发明专利申请量<br>·每万人当年发明专利授权量<br>·人均技术合同成交额<br>·研发费用占主营业务收入的比例 | ·从业人员中本科及以上学历人员占比<br>·当年净增营业收入 | 当年净增从业人员数 |
| | 国家高新区评价标准 | ·研发人员全时当量<br>·研发费用内部支出占营业收入的比例<br>·每万人发明专利授权量<br>·每千万研发经费支出的发明专利申请量<br>·人均研发经费成交额 | ·本科及以上学历人员占比<br>·营业收入中高技术服务营业收入占比<br>·当年净增营业收入 | 当年净增从业人员数 |
| | 欧盟产业研发投入记分牌 | ·研发费用<br>·研发费用增幅<br>·研发费用占主营业务收入比例<br>·人均研发投入 | ·营业利润<br>·营业利润增幅<br>·利润率 | 职工数量增加值 |
| 企业 | 独角兽企业评价标准 | 近4年平均科技活动投入强度 | 营业收入3年复合增长率 | 获得过私募投资且未上市，估值超过10亿美元 |
| | 瞪羚企业评价标准 | ·科技人员数量<br>·研发投入 | ·营业收入<br>·营业收入复合增长率<br>·职工总数 | 科技成果 |
| | 科技型中小企业备案标准 | | | |

续表

| 评价主体 | 评价报告名称 | 技术创新指标 | 成长经营指标 | 辅助指标 |
|---|---|---|---|---|
| 企业 | 高新技术企业认定标准 | ·知识产权数量 | ·净资产增长率<br>·营业收入增长率 | |
| | 创新型中小企业评价标准 | ·与企业主导产品相关的知识产权数量<br>·研发费用占主营业务收入的比例 | 上年度主营业务收入增长率 | |
| | 专精特新中小企业认定标准 | ·科技人员占职工总数的比例<br>·近两年研发费用平均值<br>·上年度研发费用<br>·与企业主导产品相关的知识产权数量 | ·上年度营业收入总额<br>·营业收入增长率<br>·净利润率 | |
| | 专精特新"小巨人"企业认定标准 | ·与企业主导产品相关的知识产权数量<br>·研发费用占主营业务收入的比例 | 营业收入 | |
| | 全国科技创新百强指数报告2022 | ·研发人员数量<br>·发明专利申请量<br>·PCT专利申请量<br>·发明专利授权量<br>·战略性新兴产业发明专利授权量<br>·专利密集型产业发明专利授权量<br>·被引用专利数量<br>·维持年限超过5年的有效发明专利数量<br>·产学研协同授权专利数量<br>·研发团队规模 | | ·拥有"国家工程研究中心"数量<br>·拥有"国家重点实验室"数量<br>·获得国家科学技术奖的专利数量<br>·获得中国专利奖的专利数量<br>·是否为国家技术创新示范企业 |

# 企业创新积分制大事记

**附录 E**

表 E.1　企业创新积分制大事记

| 时间 | 事项 |
|---|---|
| 2019 年 5 月 | 科技部深入调研地方工作经验，形成推动开展企业创新积分制工作的相关考虑 |
| 2020 年 10 月 | 科技部领导批示，在国家高新区试点开展企业创新积分制 |
| 2020 年 12 月 | 科技部遴选杭州、广州、西安、成都、苏州、合肥、无锡、长沙、青岛、大连、常州、佛山、昆山等 13 家国家高新区率先开展第一批企业创新积分制试点 |
| 2021 年 9 月 | 科技部印发《关于开展第二批企业创新积分制试点工作的通知》，面向全国国家高新区征集第二批企业创新积分制试点申请 |
| 2021 年 11 月 | 科技部印发《关于同意天津滨海高新技术产业开发区等 46 家国家高新区企业创新积分制试点实施方案的通知》，批复 46 家国家高新区成为第二批企业创新积分制试点，试点扩展至 59 家国家高新区 |
| 2022 年 5 月 | 科技部发布《企业创新积分制首批试点国家高新区创新积分 500 企业名单》 |
| 2022 年 8 月 | 科技部、财政部印发《企业技术创新能力提升行动方案（2022—2023 年）》，提出推广企业创新积分贷，强化对企业创新的金融支持 |
| 2022 年 9 月 | 湖北省科技厅联合省内 12 部门印发《湖北省企业创新积分制工作实施方案》，在省内推广实施企业创新积分制 |
| 2022 年 9 月 | 科技部印发《关于进一步做好"企业创新积分制"工作的通知》，面向全国国家高新区、省级高新区征集试点申请，制定《"企业创新积分制"工作指引（1.0）》，为各试点科学化、标准化、规范化开展工作提供指导 |
| 2022 年 10 月 | 江苏省科技厅将企业创新积分制工作实施情况纳入全省高新区创新驱动高质量发展评价 |
| 2022 年 11 月 | 科技部印发《"十四五"国家高新技术产业开发区发展规划》，提出进一步发展新型科技信贷"积分贷"，推进试点工作 |

续表

| 时间 | 事项 |
|---|---|
| 2023 年 2 月 | 科技部印发《关于同意扬州高新技术产业开发区等 74 家高新区"企业创新积分制"实施方案的通知》，74 家高新区（42 家国家高新区和 32 家省级高新区）获批成为第三批企业创新积分制试点，试点扩展至 133 家科技园区，覆盖全国 25 个省份 |
| 2023 年 3 月 | 科技部与中国银行联合发布中银 – 火炬"创新积分贷"专项科技金融产品 |
| 2023 年 4 月 | 科技部在江苏江阴和辽宁大连分南、北片区组织召开企业创新积分制全国工作推进会，总结工作成效、交流工作经验、强化工作部署，并将成都、武汉、西安、南京、广州等地的 26 家高新区评为"2022 年度'企业创新积分制'优秀工作单位" |
| 2023 年 5 月 | 中国人民银行武汉分行联合湖北省内 4 部门印发《湖北省科创企业创新积分信用贷款业务实施办法（试行）》，推进湖北省企业创新积分制应用，增加科技企业有效信贷供给 |
| 2023 年 6 月 | 国务院常务会议审议通过《加大力度支持科技型企业融资行动方案》 |
| 2023 年 7 月 | 科技部副部长介绍"金融支持科技创新 做强做优实体经济"有关情况，从企业创新积分制提出的背景、具体做法和特点、初步成效和下一阶段的探索等 4 个方面总结了积分制工作推进情况 |
| 2023 年 8 月 | 科技部通过微信公众号"锐科技"开设了"高质量发展调研行'企业创新积分制'试点"专栏，对 28 个试点的工作情况进行了宣传报道 |
| 2023 年 9 月 | 科技部印发《企业创新积分制积分企业分析报告 2022》 |
| 2024 年 4 月 | 科技部印发《关于推进科技创新再贷款有关工作的通知》，推动建立依托企业创新积分制服务科技创新再贷款政策精准实施的工作机制，为中国人民银行筛选形成"政策支持备选企业名单"，激励引导金融机构加大对科技企业的金融支持 |

# 附录 F　2023 年实施企业创新积分制的高新区名单

表 F.1　2023 年实施企业创新积分制的高新区名单

| 序号 | 省（自治区、直辖市） | 高新区名称 | 批次 | 备注 |
|---|---|---|---|---|
| 1 | 天津 | 天津滨海高新区 | 第二批 | 国家高新区 |
| 2 | 河北 | 石家庄高新区 | 第二批 | 国家高新区 |
| 3 | | 保定高新区 | 第二批 | 国家高新区 |
| 4 | 山西 | 长治高新区 | 第三批 | 国家高新区 |
| 5 | | 阳泉高新区 | 第三批 | 省级高新区 |
| 6 | 内蒙古 | 鄂尔多斯高新区 | 第三批 | 国家高新区 |
| 7 | 辽宁 | 大连高新区 | 第一批 | 国家高新区 |
| 8 | | 营口高新区 | 第二批 | 国家高新区 |
| 9 | | 沈阳高新区 | 第三批 | 国家高新区 |
| 10 | | 辽阳高新区 | 第三批 | 国家高新区 |
| 11 | | 本溪高新区 | 第三批 | 国家高新区 |
| 12 | | 鞍山高新区 | 第三批 | 国家高新区 |
| 13 | | 锦州高新区 | 第三批 | 国家高新区 |
| 14 | | 盘锦高新区 | 第三批 | 省级高新区 |
| 15 | | 抚顺高新区 | 第三批 | 省级高新区 |
| 16 | | 丹东高新区 | 第三批 | 省级高新区 |
| 17 | 黑龙江 | 齐齐哈尔高新区 | 第二批 | 国家高新区 |
| 18 | | 大庆高新区 | 第二批 | 国家高新区 |
| 19 | 江苏 | 苏州高新区 | 第一批 | 国家高新区 |
| 20 | | 无锡高新区 | 第一批 | 国家高新区 |
| 21 | | 昆山高新区 | 第一批 | 国家高新区 |

续表

| 序号 | 省（自治区、直辖市） | 高新区名称 | 批次 | 备注 |
|---|---|---|---|---|
| 22 | | 常州高新区 | 第一批 | 国家高新区 |
| 23 | | 南京高新区 | 第二批 | 国家高新区 |
| 24 | | 苏州工业园区 | 第二批 | 国家高新区 |
| 25 | | 江阴高新区 | 第二批 | 国家高新区 |
| 26 | | 泰州医药高新区 | 第二批 | 国家高新区 |
| 27 | | 镇江高新区 | 第二批 | 国家高新区 |
| 28 | | 连云港高新区 | 第二批 | 国家高新区 |
| 29 | | 中国宜兴环保科技工业园 | 第二批 | 国家高新区 |
| 30 | | 淮安高新区 | 第三批 | 国家高新区 |
| 31 | | 常熟高新区 | 第三批 | 国家高新区 |
| 32 | | 扬州高新区 | 第三批 | 国家高新区 |
| 33 | | 宿迁高新区 | 第三批 | 国家高新区 |
| 34 | | 南通高新区 | 第三批 | 国家高新区 |
| 35 | 江苏 | 盐城高新区 | 第三批 | 国家高新区 |
| 36 | | 徐州鼓楼高新区 | 第三批 | 省级高新区 |
| 37 | | 高邮高新区 | 第三批 | 省级高新区 |
| 38 | | 太仓高新区 | 第三批 | 省级高新区 |
| 39 | | 兴化高新区 | 第三批 | 省级高新区 |
| 40 | | 江都高新区 | 第三批 | 省级高新区 |
| 41 | | 海安高新区 | 第三批 | 省级高新区 |
| 42 | | 丹阳高新区 | 第三批 | 省级高新区 |
| 43 | | 东海高新区 | 第三批 | 省级高新区 |
| 44 | | 吴中高新区 | 第三批 | 省级高新区 |
| 45 | | 邳州高新区 | 第三批 | 省级高新区 |
| 46 | | 南通市北高新区 | 第三批 | 省级高新区 |
| 47 | | 杭集高新区 | 第三批 | 省级高新区 |
| 48 | | 盐南高新区 | 第三批 | 省级高新区 |

| 序号 | 省（自治区、直辖市） | 高新区名称 | 批次 | 备注 |
|------|------|------|------|------|
| 49 | 江苏 | 泰兴高新区 | 第三批 | 省级高新区 |
| 50 | | 盐城环保科技城 | 第三批 | 省级高新区 |
| 51 | | 溧阳高新区 | 第三批 | 省级高新区 |
| 52 | 浙江 | 杭州高新区 | 第一批 | 国家高新区 |
| 53 | | 宁波高新区 | 第二批 | 国家高新区 |
| 54 | | 嘉兴秀洲高新区 | 第二批 | 国家高新区 |
| 55 | | 温州高新区 | 第二批 | 国家高新区 |
| 56 | | 萧山临江高新区 | 第三批 | 国家高新区 |
| 57 | | 莫干山高新区 | 第三批 | 国家高新区 |
| 58 | 安徽 | 合肥高新区 | 第一批 | 国家高新区 |
| 59 | | 马鞍山慈湖高新区 | 第二批 | 国家高新区 |
| 60 | 福建 | 龙岩高新区 | 第二批 | 国家高新区 |
| 61 | | 厦门火炬高技术产业开发区 | 第三批 | 国家高新区 |
| 62 | | 莆田高新区 | 第三批 | 国家高新区 |
| 63 | 江西 | 南昌高新区 | 第二批 | 国家高新区 |
| 64 | | 景德镇高新区 | 第三批 | 国家高新区 |
| 65 | | 九江共青城高新区 | 第三批 | 国家高新区 |
| 66 | | 新余高新区 | 第三批 | 国家高新区 |
| 67 | | 鹰潭高新区 | 第三批 | 国家高新区 |
| 68 | 山东 | 青岛高新区 | 第一批 | 国家高新区 |
| 69 | | 济南高新区 | 第二批 | 国家高新区 |
| 70 | | 泰安高新区 | 第二批 | 国家高新区 |
| 71 | | 莱芜高新区 | 第二批 | 国家高新区 |
| 72 | | 济宁高新区 | 第二批 | 国家高新区 |
| 73 | | 淄博高新区 | 第二批 | 国家高新区 |
| 74 | | 烟台高新区 | 第二批 | 国家高新区 |
| 75 | | 枣庄高新区 | 第二批 | 国家高新区 |
| 76 | | 威海高新区 | 第二批 | 国家高新区 |

续表

| 序号 | 省（自治区、直辖市） | 高新区名称 | 批次 | 备注 |
|---|---|---|---|---|
| 77 | 山东 | 德州高新区 | 第三批 | 国家高新区 |
| 78 | | 潍坊高新区 | 第三批 | 国家高新区 |
| 79 | | 临沂高新区 | 第三批 | 国家高新区 |
| 80 | | 菏泽高新区 | 第三批 | 省级高新区 |
| 81 | | 日照高新区 | 第三批 | 省级高新区 |
| 82 | | 聊城高新区 | 第三批 | 省级高新区 |
| 83 | 河南 | 郑州高新区 | 第二批 | 国家高新区 |
| 84 | | 洛阳高新区 | 第二批 | 国家高新区 |
| 85 | | 安阳高新区 | 第二批 | 国家高新区 |
| 86 | | 平顶山高新区 | 第二批 | 国家高新区 |
| 87 | | 新乡高新区 | 第三批 | 国家高新区 |
| 88 | | 焦作高新区 | 第三批 | 国家高新区 |
| 89 | 湖北 | 武汉东湖高新区 | 第二批 | 国家高新区 |
| 90 | | 随州高新区 | 第二批 | 国家高新区 |
| 91 | | 孝感高新区 | 第二批 | 国家高新区 |
| 92 | | 咸宁高新区 | 第三批 | 国家高新区 |
| 93 | | 襄阳高新区 | 第三批 | 国家高新区 |
| 94 | | 汉川高新区 | 第三批 | 省级高新区 |
| 95 | 湖南 | 长沙高新区 | 第一批 | 国家高新区 |
| 96 | | 常德高新区 | 第二批 | 国家高新区 |
| 97 | | 湘潭高新区 | 第三批 | 国家高新区 |
| 98 | 广东 | 广州高新区 | 第一批 | 国家高新区 |
| 99 | | 佛山高新区 | 第一批 | 国家高新区 |
| 100 | | 肇庆高新区 | 第二批 | 国家高新区 |
| 101 | | 惠州仲恺高新区 | 第二批 | 国家高新区 |
| 102 | | 深圳高新区 | 第三批 | 国家高新区 |
| 103 | | 中山高新区 | 第三批 | 国家高新区 |
| 104 | | 源城高新区 | 第三批 | 国家高新区 |

| 序号 | 省（自治区、直辖市） | 高新区名称 | 批次 | 备注 |
|---|---|---|---|---|
| 105 | 广东 | 阳江高新区 | 第三批 | 省级高新区 |
| 106 | 广西 | 桂林高新区 | 第二批 | 国家高新区 |
| 107 | | 南宁高新区 | 第三批 | 国家高新区 |
| 108 | | 柳州高新区 | 第三批 | 国家高新区 |
| 109 | 重庆 | 重庆高新区 | 第二批 | 国家高新区 |
| 110 | | 永川高新区 | 第二批 | 国家高新区 |
| 111 | | 铜梁高新区 | 第三批 | 省级高新区 |
| 112 | 四川 | 成都高新区 | 第一批 | 国家高新区 |
| 113 | | 乐山高新区 | 第二批 | 国家高新区 |
| 114 | | 内江高新区 | 第二批 | 国家高新区 |
| 115 | | 绵阳高新区 | 第三批 | 国家高新区 |
| 116 | | 泸州高新区 | 第三批 | 国家高新区 |
| 117 | | 德阳高新区 | 第三批 | 国家高新区 |
| 118 | 贵州 | 贵阳高新区 | 第二批 | 国家高新区 |
| 119 | | 六盘水高新区 | 第三批 | 省级高新区 |
| 120 | 云南 | 昆明高新区 | 第二批 | 国家高新区 |
| 121 | | 文山高新区 | 第三批 | 省级高新区 |
| 122 | 陕西 | 西安高新区 | 第一批 | 国家高新区 |
| 123 | | 宝鸡高新区 | 第二批 | 国家高新区 |
| 124 | | 榆林高新区 | 第二批 | 国家高新区 |
| 125 | | 渭南高新区 | 第三批 | 国家高新区 |
| 126 | | 咸阳高新区 | 第三批 | 国家高新区 |
| 127 | | 三原高新区 | 第三批 | 省级高新区 |
| 128 | 甘肃 | 兰州高新区 | 第三批 | 国家高新区 |
| 129 | | 陇西高新区 | 第三批 | 省级高新区 |
| 130 | | 定西高新区 | 第三批 | 省级高新区 |
| 131 | 宁夏 | 银川高新区 | 第三批 | 国家高新区 |
| 132 | | 吴忠高新区 | 第三批 | 省级高新区 |
| 133 | 新疆 | 克拉玛依高新区 | 第三批 | 国家高新区 |

# 附录 G

# 科创板上市标准

表 G.1　科创板上市标准

| 主要分类 | 一级指标 | 二级指标 | 指标细则 | 备注 |
|---|---|---|---|---|
| 行业要求 | 支持类企业 | 新一代信息技术领域 | 半导体和集成电路、电子信息、下一代信息网络、人工智能、大数据、云计算、软件、互联网、物联网和智能硬件等 | |
| | | 高端装备领域 | 智能制造、航空航天、先进轨道交通、海洋工程装备及相关服务等 | |
| | | 新材料领域 | 先进钢铁材料、先进有色金属材料、先进石化化工新材料、先进无机非金属材料、高性能复合材料、前沿新材料及相关服务等 | |
| | | 新能源领域 | 先进核电、大型风电、高效光电光热、高效能储能及相关服务等 | |
| | | 节能环保领域 | 高效节能产品及设备、先进环保技术装备、先进环保产品、资源循环利用、新能源汽车整车、新能源汽车关键零部件、动力电池及相关服务等 | |

续表

| 主要分类 | 一级指标 | 二级指标 | 指标细则 | 备注 |
|---|---|---|---|---|
| 行业要求 | 支持类企业 | 生物医药领域 | 生物制品、高端化学药品、高端医疗设备与器械及相关服务等 | |
| | 限制类企业 | 金融科技企业 | | |
| | | 模式创新企业 | | |
| | 禁止类企业 | 房地产企业 | | |
| | | 金融类企业 | | |
| | | 投资类企业 | | |
| 科创属性 | 标准一 | 近三年研发投入占营业收入的比例达5%以上或者近三年研发投入金额累计在6000万元以上 | 软件企业近三年累计研发投入占近三年累计营业收入的比例达10%以上 | 同时满足4项二级指标 |
| | | 研发人员占当年职工总数的比例不低于10% | | |
| | | 应用于公司主营业务的发明专利（含国防专利）5项以上 | 软件企业除外 | |
| | | 近三年营业收入复合增长率达到20%或者近一年营业收入金额达到3亿元 | 采用《上海证券交易所科创板股票发行上市审核规则》（简称《审核规则》）第二十二条第二款第（五）项上市标准申报科创板发行上市的发行人除外 | |
| | 标准二 | 拥有经国家主管部门认定的具有国际领先、引领作用或者对于国家战略具有重大意义的核心技术 | | 未满足标准一但是满足标准二任一情形的也可鼓励上市 |

续表

| 主要分类 | 一级指标 | 二级指标 | 指标细则 | 备注 |
|---|---|---|---|---|
| 科创属性 | 标准二 | 作为主要参与单位或者核心技术人员作为主要参与人员，获得国家自然科学奖、国家科技进步奖、国家技术发明奖，并将相关技术运用于主营业务 | | 未满足标准一但是满足标准二任一情形的鼓励上市 |
| | | 独立或者牵头承担与主营业务和核心技术相关的国家重大科技专项项目 | | |
| | | 依靠核心技术形成的主要产品（服务），属于国家鼓励、支持和推动的关键设备、关键产品、关键零部件、关键材料等，并实现了进口替代 | | |
| | | 形成核心技术和应用于主营业务的发明专利（含国防专利）合计50项以上 | | |
| 市值与财务指标 | 基本条件 | 满足《科创板首次公开发行股票注册管理办法》第十条至第十三条规定的发行条件 | | 全部满足 |
| | | 发行后股本总额不低于3000万元 | | |
| | | 公开发行的股份达到公司股份总数的25%以上，或者公司股本总额超过4亿元的，公开发行股份的比例为10%以上 | | |
| | | 市值与财务指标符合《证券登记结算管理办法》规定的标准 | | |
| | | 满足上海证券交易所规定的其他上市条件 | | |

续表

| 主要分类 | 一级指标 | 二级指标 | 指标细则 | 备注 |
|---|---|---|---|---|
| 市值与财务指标 | 一般企业 | 市值–净利润 | 预计市值不低于10亿元，近两年净利润均为正且累计净利润不低于5000万元 | 至少满足一项指标细则 |
| | | 近三年营业收入复合增长率达到20%或者近一年营业收入金额达到3亿元 | 采用《审核规则》第二十二条第二款第（五）项上市标准申报科创板发行上市的发行人除外 | |
| | | 市值–收入–研发投入 | 预计市值不低于15亿元，近一年营业收入不低于2亿元，且近三年累计研发投入占近三年累计营业收入的比例不低于15% | |
| | | 市值–收入–现金流量 | 预计市值不低于20亿元，近一年营业收入不低于3亿元，且近三年经营活动产生的现金流量净额累计不低于1亿元 | |
| | | 市值–收入 | 预计市值不低于30亿元，且近一年营业收入不低于3亿元 | |
| | | 市值–产品空间 | 预计市值不低于40亿元，主要业务或产品需经国家有关部门批准，市场空间大，目前已取得阶段性成果。医药行业企业需取得至少一项核心产品获准开展二期临床试验，其他符合科创板定位的企业需具备明显的技术优势并满足相应条件 | |

续表

| 主要分类 | 一级指标 | 二级指标 | 指标细则 | 备注 |
|---|---|---|---|---|
| 市值与财务指标 | 红筹企业 | 未在境外上市 | 预计市值不低于 100 亿元 | 至少满足一项指标细则 |
| | | | 预计市值不低于 50 亿元，且近一年营业收入不低于 5 亿元 | |
| | | 已在境外上市 | 预计市值不低于 2000 亿元 | 至少满足一项指标细则 |
| | | | 预计市值不低于 200 亿元，且拥有自主研发、国际领先技术，科技创新能力较强，同行业竞争中处于相对优势地位 | |
| | 表决权差异（同股不同权）企业 | | 预计市值不低于 100 亿元 | 至少满足一项指标细则 |
| | | | 预计市值不低于 50 亿元，且近一年营业收入不低于 5 亿元 | |

附录 H

# 创业板上市标准

表 H.1　创业板上市标准

| 主要分类 | 一级指标 | 二级指标 | 指标细则 | 备注 |
|---|---|---|---|---|
| 行业要求 | 负面清单 | 农林牧渔业 | | 原则上不支持该十二大行业在创业板上市，但与互联网、大数据、云计算、自动化、人工智能、新能源等新技术、新产业、新业态、新模式深度融合的创新创业企业除外 |
| | | 采矿业 | | |
| | | 酒、饮料和精制茶制造业 | | |
| | | 纺织业 | | |
| | | 黑色金属冶炼和压延加工业 | | |
| | | 电力、热力、燃气及水生产和供应业 | | |
| | | 建筑业 | | |
| | | 交通运输、仓储和邮政业 | | |
| | | 住宿和餐饮业 | | |
| | | 金融业 | | |
| | | 房地产业 | | |
| | | 居民服务、修理和其他服务业 | | |
| 发行条件 | 经营情况 | 持续经营 3 年以上 | | |
| | | 近两年主营业务未发生重大不利变化 | | |
| | | 近两年实际控制人未变更 | | |
| | | 近三年无保留意见的审计报告、内控鉴证报告 | | |
| | 主要股东情况 | 近三年公司或大股东不存在经济类犯罪、重大违法行为 | | |
| | | 大股东持股权属清晰 | | |

续表

| 主要分类 | 一级指标 | 二级指标 | 指标细则 | 备注 |
|---|---|---|---|---|
| 发行条件 | 董监高情况 | 近两年董事或高管未发生重大不利变化 | | |
| | | 近三年董事、监事及高管（简称"董监高"）未受到证监会行政处罚 | | |
| | | 董监高未涉嫌犯罪被司法机关立案侦查或涉嫌违规被证监会立案调查 | | |
| 上市条件 | 一般企业 | 市值－净利润 | 近两年净利润为正，累计净利润不低于5000万元 | 至少满足一项指标细则 |
| | | 市值－净利润－收入 | 预计市值不低于10亿元，近一年净利润为正且营业收入不低于1亿元 | |
| | | 市值－收入 | 预计市值不低于50亿元，近一年营业收入不低于3亿元 | |
| | 红筹企业 | 未在境外上市且营业收入快速增长 | 预计市值不低于100亿元，近一年净利润为正 | 至少满足一项指标细则，其中营业收入指标至少满足以下一点： 1. 近一年营业收入达5亿元且近三年营业收入复合增长率达10%以上； 2. 近一年营业收入低于5亿元且近三年营业收入复合增长率达20%以上； 3. 行业周期波动整体下行，近三年营业收入复合增长率高于同行业平均水平 |
| | | | 预计市值不低于50亿元，近一年净利润为正且营业收入不低于5亿元 | |
| | | 满足国办发〔2018〕21号规定且近一年盈利的红筹企业 | | |

| 主要分类 | 一级指标 | 二级指标 | 指标细则 | 备注 |
|---|---|---|---|---|
| 上市条件 | 特殊股权结构企业 | 市值 – 净利润 – 收入 | 预计市值不低于50亿元，近一年净利润为正且营业收入不低于5亿元 | 至少满足一项指标细则 |
| | | 市值 – 净利润 | 预计市值不低于100亿元，近一年净利润为正 | |

附录 I  新三板上市标准

表 I.1  新三板上市标准

| 主要分类 | 一级指标 | 二级指标 | 指标细则 | 备注 |
|---|---|---|---|---|
| 市值与财务指标 | 市值 – 净利润 –ROE（净资产收益率） | | 市值不低于 2 亿元，近两年每年净利润达 1500 万元且平均 ROE 达 8%；或市值不低于 2 亿元，近一年净利润达 2500 万元且 ROE 达 8% | 至少满足一项指标细则 |
| | 市值 – 收入 – 收入增长率 – 现金流 | | 市值不低于 4 亿元，近两年平均营业收入达 1 亿元，近一年营业收入增长率达 30% 且经营净现金流为正 | |
| | 市值 – 收入 – 研发投入 | | 市值不低于 8 亿元，近一年营业收入达 2 亿元且近两年平均研发投入达 8% | |
| | 市值 – 研发投入绝对值 | | 市值不低于 15 亿元且近两年研发投入绝对值合计达 5000 万元 | |
| 公开发行指标 | 公开发行股份数量不少于 100 万股 + 发行对象不少于 100 人 | | | |
| | 发行后股本总额不少于 3000 万元 | | | |
| | 发行后股东人数不少于 200 人 | | | |

| 主要分类 | 一级指标 | 二级指标 | 指标细则 | 备注 |
|---|---|---|---|---|
| 公开发行指标 | 公众股东持股比例不低于公司股本总额的25%，或者公司股本总额超过4亿元的，公众股东持股比例不低于公司股本总额的10% | | | |
| | 近一年期末净资产不少于5000万元 | | | |
| 合规性指标 | 禁止条件 | 公司经营风险 | 公司近三年有非标审计报告 | |
| | | | 公司未按时披露年报或半年报 | |
| | | | 公司存在违规对外担保、资金占用未解除的情形 | |
| | | 公司（大股东，董监高）风险 | 公司或大股东近三年存在重大违法行为 | |
| | | | 公司或大股东进失信人名单且情形未消除 | |
| | | | 公司（大股东，董监高）近12个月受证监会行政处罚、股转公司公开谴责 | |
| | | | 公司（大股东，董监高）涉嫌犯罪且无定论 | |

# 附录 J

# 创新型中小企业评价标准和专精特新中小企业认定标准

表 J.1　创新型中小企业评价标准和专精特新中小企业认定标准

| 创新型中小企业评价标准 | | | |
|---|---|---|---|
| 认定方式 | 指标 | 详细说明 | 备注 |
| 方式一：条件筛选 | 国家级、省级科技奖励荣誉称号 | 近三年内获得过国家级、省级科技奖励，或者获得高新技术企业、国家级技术创新示范企业、知识产权优势企业和知识产权示范企业等荣誉 | 至少满足一项指标 |
| | 股权融资 | 近三年新增股权融资总额 500 万元以上 | |
| | 研发机构 | 拥有经认定的省部级以上研发机构 | |
| 方式二：综合评分 | 创新能力 | 6 项指标，满分 100 分，60 分以上可获评 | |
| | 成长性 | | |
| | 专业化 | | |
| 专精特新中小企业认定标准 | | | |
| 条件筛选 | 特定细分市场 | 从事时间达 2 年以上 | 同时满足 4 项指标 |
| | 研发费用 | 上年度不低于 100 万元，且占营业收入总额比例不低于 3% | |
| | 营业收入或股权融资 | 上年度营业收入总额 1000 万元以上，或近两年新增股权融资总额 2000 万元以上 | |

续表

| 专精特新中小企业认定标准 | | | |
|---|---|---|---|
| 认定方式 | 指标 | 详细说明 | 备注 |
| 条件筛选 | 满足"详细说明"中条件之一或评价得分达到60分以上（评价指标包括专业化、精细化、特色化和创新能力四类十三项指标，评价结果依分值计算，满分为100分） | 近三年获得过省级科技奖励，并在获奖单位中排名前三；或获得国家级科技奖励，并在获奖单位中排名前五 | 同时满足4项指标 |
| | | 近两年研发费用总额均值在1000万元以上 | |
| | | 近两年新增股权融资总额(合格机构投资者的实缴额)6000万元以上 | |
| | | 近三年进入"创客中国"中小企业创新创业大赛全国500强企业组名单 | |

注：内容源于工业和信息化部发布的《优质中小企业梯度培育管理暂行办法》。

# 附录K

# 科技型中小企业认定标准

表 K.1 科技型中小企业认定标准

| 认定方式 | 条件/指标 | 详细说明 | 综合评分指标 | 评分标准 | 备注 |
|---|---|---|---|---|---|
| 基本条件 | 企业注册地和税务 | 中国境内注册，实行查账征收，能准确归集研发费用，缴纳企业所得税的居民企业 | | | 同时满足所有条件可以获评 |
| | 规模限制 | 职工总数不超过500人，年销售收入和资产总额均不超过2亿元 | | | |
| | 行业要求 | 不属于《产业结构调整指导目录》规定的限制类和淘汰类范围，适用税前加计扣除政策 | | | |
| | 信用和合规 | 未发生重大安全、质量事故，环境违法行为等，未列入经营异常名录或失信企业名单 | | | |

续表

| 认定方式 | 条件/指标 | 详细说明 | 综合评分指标 | 评分标准 | 备注 |
|---|---|---|---|---|---|
| | 基本条件 | 根据科技型中小企业评价指标进行综合评价，所得分值不低于60分，且科技人员指标得分不得为0分 | 科技人员指标（满分20分） | 按科技人员数占企业职工总数的比例分档评价：<br>A.30%（含）以上（20分）；<br>B.25%（含）～30%（不含）（16分）；<br>C.20%（含）～25%（不含）（12分）；<br>D.15%（含）～20%（不含）（8分）；<br>E.10%（含）～15%（不含）（4分）；<br>F.10%（不含）以下（0分）。 | 同时满足所有条件可以获评 |
| | 综合评分要求 | | 研发投入指标（满分50分）：企业从（1）、（2）两项指标中选择一项指标进行评分 | （1）按企业研发费用总额占销售收入的比例分档评价：<br>A.6%（含）以上（50分）；<br>B.5%（含）～6%（不含）（40分）；<br>C.4%（含）～5%（不含）（30分）；<br>D.3%（含）～4%（不含）（20分）；<br>E.2%（含）～3%（不含）（10分）；<br>F.2%（不含）以下（0分）。<br>（2）按企业研发费用总额占成本费用支出总额的比例分档评价：<br>A.30%（含）以上（50分）；<br>B.25%（含）～30%（不含）（40分）；<br>C.20%（含）～25%（不含）（30分）；<br>D.15%（含）～20%（不含）（20分）；<br>E.10%（含）～15%（不含）（10分）；<br>F.10%（不含）以下（0分）。 | |

续表

| 认定方式 | 条件/指标 | 详细说明 | 综合评分指标 | 评分标准 | 备注 |
|---|---|---|---|---|---|
| 基本条件 | 综合评分要求 | 根据科技型中小企业综合评价，所得分值不低于60分，且科技人员指标得分不得为0分 | 科技成果指标（满分30分） | 按企业拥有的在有效期内的（与主要产品（或服务）相关的知识产权类别和数量（知识产权应没有争议或争权纠纷）分档评价：A.1项及以上 I 类知识产权（30分）；B.4项及以上 II 类知识产权（24分）；C.3项 II 类知识产权（18分）；D.2项 II 类知识产权（12分）；E.1项 II 类知识产权（6分）；F. 没有知识产权（0分） | 同时满足所有条件可以获评 |
| 直通车 | 高新技术企业资格 | 持有有效期内的高新技术企业资格证书 | | | 若满足直通车条件中的一个，不受综合评分限制，可直接获评 |
| | 国家级科技奖励 | 近五年内获得国家级科技奖励 | | | |
| | 研发机构 | 拥有经认定的省部级以上研发机构 | | | |
| | 制定标准 | 近五年内主导制定过国际标准、国家标准或行业标准 | | | |

注：内容源于《科技型中小企业评价服务工作指引》。

# 高新技术企业认定标准

表 L.1　高新技术企业认定标准

| 认定方式 | 指标 | 详细说明 | 条件分档 | 备注 |
|---|---|---|---|---|
| 综合评分 | 注册成立时间 | 企业申请认定时须注册成立一年以上 | | 满分 100 分，综合评分在 70 分（不含）以上的企业可获评 |
| | 知识产权 | 在中国境内（不含港、澳、台地区）注册的企业，通过自主研发、受让、受赠、并购等方式，对其主要产品（服务）的核心技术拥有自主知识产权的所有权，且达到下列其中一项数量要求：<br>（1）Ⅰ类知识产权 1 件以上；<br>（2）Ⅱ类知识产权 6 件以上 | | |
| | 技术领域 | 属于国家重点支持的高新技术领域 | | |
| | 科技人员比例 | 从事研发和相关技术创新活动的科技人员占企业当年职工总数的比例不低于 10% | | |
| | 研发费用比例 | 按年销售收入分档 | 不低于 5%（销售收入小于 5000 万元） | |
| | | | 不低于 4%（销售收入 5000 万元～2 亿元） | |
| | | | 不低于 3%（销售收入大于 2 亿元） | |
| | 高新技术产品（服务）收入占比 | 高新技术产品（服务）收入占总收入的比例不低于 60% | | |
| | 创新能力 | 达到相应要求 | | |
| | 合规性 | 企业在安全、质量、环境等方面生产和经营合规，未发生重大事故或违法行为 | | |

注：内容源于《高新技术企业认定管理办法》《高新技术企业认定管理工作指引》。